トップ1%のキャストしか知らない

キャバクラ嬢の技術

in a hostess bar

木村進太郎

SOGO HOREI PUBLISHING CO., LTD

はじめに

きらびやかなお店の中で、美しいドレスを身につけ、楽しく会話をするだけで、あっという間に大金を稼ぐことができる。

キャバクラとは、そんな、女性の夢を叶えてくれる場所、というイメージがあるかもしれません。

しかし、傍から見るのとは異なり、いざキャバクラの世界で働いてみると、**「なかなか指名が取れない」「収入が増えない」と悩んでいるキャストが多い**のも、事実です。

単なるアルバイト感覚で、最低時給をもらえれば良いと考えている子は別にして、真剣にキャバクラの世界で生きていこうと考えている人ほど、その悩みは大きいものです。

はじめに

「指名がもらえない」
「お客様と何を話せば良いのかわからない」
「指名してくださったお客様が、リピートで来店してくれない」
「どんなＬＩＮＥ（メール）を送れば来店してくれるのかがわからない」
「店には来てくれるけど、同伴してくれない」
「ポイントのばらつきがあって、収入が安定しない」
「お客様（男性）の気持ちがわからない」

本書を手に取ってくださったあなたも、こんな悩みを抱える一人ではないでしょうか。

ナンバーワンと呼ばれる人気キャストたちは、これらの問題をすべてクリアし、確実に顧客となるお客様を増やして、毎日同伴をし、毎クール高収入を得ています。

ナンバーワンと呼ばれる人気キャストと、なかなか指名の取れないキャストの一番の違いとは何でしょうか。

それは、**「お客様の心理（男性の心理）を、どれだけ理解しているのか」**ということです。

お客様は、なぜわざわざ高いお金を払い、キャバクラに来店するのでしょうか？

これがわかると、

どうすれば指名をしてもらえるのか？
どうすればリピートで来店してくれるのか？
どうすれば同伴してくれるのか？

これらが、よくわかるようになります。

そしてナンバーワンキャストたちは、お客様の心を満たす自分なりの手法を確立し、コツコツと地道にこなしているのです。

私は28年以上に渡り、キャバクラ通いを続け、たくさんのナンバーワンキャストを見てきました。実際に、たくさんのナンバーワンキャストを指名し、ナンバークラス（お店の上位10人に常に入っていること）のキャストの話を、数多く聞いています。

それによって、私の本業である営業指導やコンサルティングの仕事柄、その彼女たちの営業ノウハウに気づき、体系づけてまとめることができるようになりました。

そして、その理論を新人キャストや成績が伸びないキャストにアドバイスすると、**あっと言う間に指名客を増やし、稼げるキャストになれる**ことがわかりました。

入店2週間の新人キャストが、フリーでついたときのことです。

彼女は入店して2週間、誰にも指名されたことがないと言うのです。2週間あれば、どんなキャストでも一人くらい指名はもらえるものです。

私は彼女に興味を持ち、彼女からいろいろと話を聞き出しました。するとなるほど、指名がもらえないはず。そのキャストは「キャバクラの仕事がどういうものなのか」「キャバクラに来店するお客様は何を求めているのか」が、まったくわかっていませんでした。

それから、彼女にさまざまなアドバイスをしたところ、1週間後には数人の指名客が出来ていました。

その後、同伴の仕方やポイントの伸ばし方など、会う度にアドバイスしたところ、3ヶ月くらい経過した頃には、トップ10に迫る実績を残すようになり、1年経つ頃には、ナンバー5からナンバー3のあたりに顔を出す人気キャストに成長していました。

そして、その勢いは衰えず、**1年半を経過した頃には、とうとうナンバーワンに**

なったのです。

その子がナンバーワンになって一番驚いたのは私です。決してセンスがある子ではありませんでした。容姿もそんなにパッとしないタイプです。

そんな彼女がナンバーワンになれたということは、つまり、**きちんとポイントを押さえていれば、誰でもある程度の実績が残せ、努力次第ではナンバーワンも夢ではない**ということ。それを、彼女は実証してくれたのです。

キャバクラの世界に限らず、営業の世界ではお客様の心理をつかむことが、とても重要なポイントです。

この**原理原則を理解してしまえば、お客様の心をつかむための数々の手法は、なぜ効果があるのかを理解でき、初心者の方でも容易に実行することが出来るようになります。**

また、**このノウハウは、キャバクラの世界だけに限ったものではなく、お客様を相手にする商売全般においても、使えるもの**なのです。

それは、**人と人、男と女といった、人間関係において生かされるものだから**です。

ですから本書は、単にキャバクラのキャストが学ぶためだけの本にとどまらず、あなたの今後の人生においても、価値ある本になっていくと思います。

そして、本書を読んで頂くことで、どうすれば実績を伸ばせるのかを理解できると思います。

しかし、理解しただけでは結果は出ません。

地道な努力が必要です。

あるキャストはベテランになり、ナンバーワンクラスのキャストと変わらない力量がありながら、なかなかトップクラスに食い込めませんでした。

そのキャストは、お客様の心理を理解し、実績を上げる手法を持っているにもかかわらず、日々のコツコツとした積み重ねが出来なかったからです。

本書を読んで頂いたベテランクラスの方の中には「これくらいの内容なら知ってるよ」と思われる人もいるかもしれません。そのときは、「では、実際に私は実行できているのだろうか？」と自問自答してみてください。本書を読んだことで、もう一度初心にもどってみようと思って頂けるキッカケになれば幸いです。

この本が一人でも多くのキャストを幸せに導くことが出来たなら、キャバクラをこよなく愛する私としては、これ以上の喜びはありません。

それでは、最後までお付き合いください。

木村進太郎

第1章 稼ぐキャバクラ嬢の〝指名のお作法〟

第2章 お客様が足を運びたくなるＬＩＮＥ営業術

CONTENTS

第3章 同伴を何度も成功させる気づかいのポイント

第4章

お客様を魅了する接客の秘密

第5章

稼げるキャバクラ嬢のポイントのつくり方

第6章

キャストの技量が試される「アフター」のこなし方

第7章 イベントへの〝心をつかむ〟誘い方

第1章

稼ぐキャバクラ嬢の“指名のお作法”

名刺の渡し方にはルールがある

お客様は、指名キャストがいない店ではフリー（指名をせずいろんなキャストと話をすること）で遊び、自分とフィーリングの合うキャストを探します。

フリーでお客様につける（接客する）時間は大体、15～20分です。

店のシステム自体は、1セット45分の店、50分の店、60分の店など、セット時間が異なりますが、ほとんどの店が1セットに2～3人のキャストをつけるので、時間にすると、このくらいになるのです。

その日のうちに気に入った女の子を見つけ、場内指名（フリーで付いたキャストを指名すること）してくれるお客様は、多くありません。とにかく数多くのキャストを見て、一番自分好みの女の子を探したいと思うのが、お客様の心理なのです。

その結果、その日は指名せず、次回の来店時にフリーでついたキャストの中で、一番気に入った女の子を指名するケースが多いものです。

ところが、お客様はお酒を飲み、ほろ酔い気分でキャバクラという異次元空間の中、半分興奮状態で過ごすわけです。すると、翌日には「はて、どの子がどの子だったっけ？」となってしまいます。

その段階では、もらった名刺が唯一の手がかりですので、**名刺を渡していないキャストは論外。**渡しているキャストでも、**渡し方一つで、指名に繋がるか否かが分かれる**場合もあるのです。


キャストの中には、指名をしてくれそうにないお客様には、名刺を渡さない人がいます。帰りにその辺の道端に捨てられてしまうかもしれないからというのが、大きな理由でしょう。確かに、夜中の繁華街を歩いていると、キャバクラの名刺が捨てられているのをよく見かけます。道行く人に踏まれ、ボロボロになっている名刺を見ると、かわいそうに思います。

しかし、それはどこの営業の世界でも同じです。私の友人は、飛び込みの営業マンの名刺を靴べら代わりに使っていました。それも含めて仕事だと思いましょう。10枚の名刺を渡し9枚捨てられても、残りの1枚の名刺で指名が取れたら良い訳です。とにかく、フリーで指名を取るには、名刺を渡さないことにははじまりません。

「名刺」は出会った瞬間に渡す

本来名刺とは、初対面の人に「私はこういう者です」と渡すものです。

はじめに名刺を渡さず、会話が盛り上がったところで、

「そうだ名刺渡すの忘れてた。私の名刺大事に持っててね」と途中で渡す人、「楽し

かった。私のこと忘れないでね」とチェンジの際に印象づけて渡す人など、名刺を渡すタイミングをいろいろと工夫するキャストもいます。それはそれでかなり高度なテクニックだと思います。

しかし、お客様にもよりますが、名刺を渡さないキャストは「俺から指名を取る気がないのでは？」「タイプの男ではないのでは？」と気をまわす人もいます。

また、名刺をもらっていないと、会話の中でキャストの名前がすぐに思い出せず、「君」や「あなた」と呼ぶことになる場合もあるのです。

営業の世界では、親近感を持たせるために、相手の名前を何回も呼び、自分の名前を何回も呼ばせるという鉄則があります。**お互いに名前を呼び合うことで、短時間でグッと親近感が生まれてくる**ものだからです。

ですから、**フリーでついた際は、名刺は極力最初に渡す**ようにしましょう。

名刺入れをポーチの取りやすいところに入れておき、スムーズに出せるようにします。あらかじめ座る前に手に持っておき、座るなり「○○です。宜しくお願いします」と言って渡すのも良いと思います。

「名刺」に他のキャストとの違いをつける

お客様は、キャバクラで遊んだ後、フリーのキャストからもらった名刺を見て、どんなキャストがいたのかを振り返ります。

そのときに、「あ、この名刺はあの子のだ」と印象に残るような工夫が必要です。

その代表的なテクニックは三つです。

❶ 写真入り名刺を使う

❷ 会話の中で盛り上がった内容を短く名刺の裏に書き込む

③名刺の角を折る

②は「今度、とんこつの美味しいラーメン屋さんに行きましょうね」などと書いて、「あ、ラーメンの話をしていた子だ」と思い出してもらいます。

③は、「これが私の名刺だからね」と名刺の角を折って渡します。ある程度気に入ってもらっていれば、角の折れた名刺を見て「確か感じの良い子だったな」と思い出してくれるのです。

名刺のまとめ

- 初めて会うお客様には必ず渡す
- できれば会った瞬間に渡す
- 名刺にはちょっとした工夫を

お客様のタイプを知る

家電量販店へ冷蔵庫を買いに来ているお客様に、店員がいくらパソコンの説明をしても買ってもらえないのと同じように、**お客様が何を求めてキャバクラに来ているのかを知っておかないと、なかなか指名は取れません。**

お客様は、どうして、高いお金を払ってキャバクラで遊ぶのだろうか、と考えてみましょう。

お酒が好きだからというのであれば、安い居酒屋でも良い訳です。ましてや、キャバクラのお客様の中には、お酒を一切飲まない人もいます。

男性がキャバクラに通う理由は大きく分けると、次の三つに分かれます。自分についたお客様が、その三つのどのタイプなのかを見極めることが大切です。

キャストを口説き落とそうとするタイプ

キャバクラに来るお客様の半分以上はこのタイプだと思います。

このタイプは最終的にはＳＥＸ目的で、口説けそうな隙のある子を指名し、口説けないとわかったときには、平気で指名替えをするか、もしくは店を変えてしまいます。

気が短い人は３回ぐらい指名しただけで切れてしまいますし、長くても半年くらいです。平均３ヵ月と考えたらよいでしょう。中には真剣に恋愛相手を探している男性もいますが、接客方法としては同じだと考えるべきでしょう。

このタイプの年齢は**20～30代の若い独身層に多い**です。

また、年齢に関わらず一人で遊びに来ているお客様は、相当遊び慣れている人で、口説き目的で来ているケースが多いものです。

他には、若い経営者など、急に大金を使えるようになったようなお客様は、お金の力を借りてキャストを口説こうとします。

キャバクラという異次元空間で癒されたいタイプ

次に多いのがこのタイプです。

日々の仕事、あるいは家庭のストレスを、キャバクラという日常生活とは異なる**異次元の世界で癒されたいと思うタイプ**です。

「誰にも言えない、いろいろな愚痴を聞いてもらいたい」

「若い女の子との明るい会話で楽しみたい」

と本気で口説こうとは考えず、精神的な擬似恋愛を楽しみながらストレスを解消しようとするタイプです。

また、グループで来て、みんなでワイワイ騒ぐのが好きというのも、このタイプに含めても良いでしょう。

このタイプは**年齢的には30代後半～40代の中間管理者層に多い**です。

会社の中では上からは叩かれ、下からは突き上げられ、一番ストレスが溜まるポジションです。

性格的に明るい人は、パーっと遊んでストレスを解消します。大人しい性格の人は、女の子との明るい会話や愚痴を聞いてもらうことにより、癒されようとします。

キャストの成長を自分の喜びとするお節介《せっかい》タイプ

少数派ですが、常連さんと言われる人に多いタイプです。

上位人気のキャストには、必ずこのタイプのお客様がついています。**頑張っている女の子を見ると応援したくなるタイプ**です。年配者や、ある程度地位のあるお客様に多いのですが、女の子が日に日に成長する姿を見ているのが楽しみで、それに自分が関わっているという満足感を求めているのです。

中には、普通のサラリーマンで自分に自信のない男性が、自分では叶えられない「成功の夢」をその子に託そうとする人がいたり、「こんな若い子が頑張っているのだから、自分も頑張ろう」と勇気をもらったりする人もいます。

このタイプは**40代後半〜50代の経営者に多い**です。

経営者は遊びの中でも、社会勉強を忘れません。

経営者にとってキャバクラ市場は大変勉強になるものです。お客様を呼ぶ集客力・企画力、キャストやボーイの接客サービス、人事の動きに至るまで、勉強になることばかりです。そうなると、経営者はその店のファンになってしまうケースが少なくありません。そして、その店の中で頑張っている女の子を見ると、応援したくなるのです。

これら三つのタイプは微妙に絡み合っており、はじめは「口説き」目的で指名していたお客様が、いつの間にか「癒し」目的に移行したり、「癒し」が本来の目的なのだけれど「お節介タイプ」の要素も含んでいたり、逆に「お節介タイプ」のお客様が「ここまでこの子のために尽くしたのだから」と、「口説き」目的に変貌《へんぼう》したり……、男とは我がままで、ある意味純粋な生き物なのです。

ですから**今の時点で、お客様はどのタイプ、どの段階なのか、何を求めてこの店に来ているのかを大まかに見極めることが大切**です。

それによって、接客内容が大きく変わってきます。

ただ、忘れてはいけないのは「お客様はやっぱり男である」ということです。どのタイプのお客様でもやっぱり「男」なのです。

男である以上「この子とSEXしたい」という気持ちは絶対にあります。その気持ちが、大きいか小さいかの違いだけです。

「癒し目的」や「お節介タイプ」の男性は「この子とそうなるのは無理だ」と諦めて、その気持ちを理性で抑え、それ以上の喜びを見つけようとしていると考えたほうが良いのです。

そのことをわかってあげた上で接しなければ、気まずい関係になってしまう可能性もあります。

お客様のタイプまとめ

- 若いお客様はほとんどが口説き目的
- 中年のお客様は癒しを求めていることも
- 上位人気のキャストに多い応援型のお客様

お客様のタイプに合わせた〝フリーの接客〟

お客様が何を求めてキャバクラへ来ているかがわかったら、その内容に合わせた接客をして、指名をもらうようにします。

ただ、フリーでついている時間はせいぜい15分程度です。その時間の中でお客様のタイプを見極め、それに合わせた接客をすることは至難《しなん》の業《わざ》です。

そこで、フリーのお客様への接客を考えるとき、タイプとして一番多い「口説き目的」のお客様に照準《しょうじゅん》を合わせながら、「癒し目的」のお客様や「お節介タイプ」のお客様にも対応できる接客をするのが得策《とくさく》です。

具体的にどのようなところに気をつけて接客するのかを、タイプごとに説明していきましょう。

口説き目的のお客様には、口説ける可能性を感じさせておく

口説き目的タイプの人に、「この子は口説けない」と思われたら終わりです。お客様にそう思わせてしまう会話パターンが次の通りです。

キャスト……（妻帯者に）「私そろそろ結婚したいの」
お客様……「不倫では相手にしてくれないだろうな」
キャスト……ポッチャリ体型のお客様へ、好きなタイプに細身の芸能人を挙げるなど、お客様と全然違うタイプの人を理想に挙げる
お客様……「じゃあ俺はこの子のタイプじゃないな」（勝手に諦めてしまう）

キャスト……（下ネタになったとき）「私ＳＥＸが嫌いなの」
お客様……「この子は口説いてもＳＥＸできないな」
キャスト……「家が遠い上に、学校（昼の仕事）があって、朝早く起きなければいけないので大変なの」
お客様……（時間的な問題を含め）「アフターに誘っても無理だろう。じゃあこの子は口説けないな」

他にもいろいろありますが、**このタイプのお客様には、「この子は口説けない」と思われた時点で指名の対象外になってしまいます。**嘘までつく必要はありませんが、**フリーでついている段階では、極力不利になるようなことを言わない**ように気をつけましょう。

では、逆に、このタイプのお客様が「お、この子は口説けるかもしれない！」と思うようなしぐさ・言葉をいくつか挙げてみましょう。

＊下ネタで盛り上がる
＊しなって胸を押しつける
＊性体験が豊富と感じられる会話をする
＊甘えるような話し方をする
＊「しばらくSEXしてないなあ」
＊(じっと顔を見つめて)「○○さんは結構私のタイプかもしれない」
＊「私こんなに素で話せるお客様ははじめて」
＊「○○さんと話してると、何か仕事を忘れてしまう」
＊「最近ついたお客様、何か嫌なお客様ばかりだったから、○○さんにつけてよかった」

どれも女性から見たら「え～」と思う内容かもしれませんが、男はこのような言葉やしぐさに弱いもの。この中で自分でも出来そうだと思う項目があれば、自分なりにアレンジし、チャレンジしてみてください。

いわゆる、**「色恋営業」と言われるのは、このタイプのお客様を対象にしたもの**です。

癒し目的のお客様には、真心で楽しませる

このタイプのお客様は、とにかく時間いっぱい楽しませてあげることです。お客様から見て、どのようなタイプが癒し目的の対象となる娘《こ》（キャスト）か、具体的に挙げてみましょう。

＊ **明るく楽しませる娘**
＊ **お客様が思わず笑ってしまう面白い娘**

＊ほんわかした天然系の娘
＊堅苦しくない話題で、無理なく会話のキャッチボールが出来る娘
＊聞き上手で、お客様の会話をどんどん引き出す娘

気をつけるのは、**お客様によって、癒しの形態が違う**ということです。

とにかく自分でしゃべってストレスを発散したい人には、相づちを打ちながら一生懸命聞いてあげることです。

笑って、笑って、ストレスを発散したい人には、明るく接してあげます。

仕事場でも家庭でもない、キャバクラという異空間で癒されたい人には、しっとりと堅苦しくない会話のキャッチボールをしてあげましょう。

とにかく、このタイプのお客様には、**真心で接してあげることが大切**です。

お節介タイプのお客様

フリーの短い時間で、このタイプのお客様に照準を当てるのは、ほぼ不可能だと思います。

このタイプのお客様に合わせた接客をするには、**ある程度時間をかけて会話をする必要があります。**キャストがしっかり目標を持って働いていることに対して、応援したくなるタイプですので、すべては指名をもらってゆっくり話せるようになってからです。

しかし、場合によってはフリーの段階で、キャストにさまざまな質問をして探りを入れてくるお客様もいます。

例えば「何でキャバクラで働いているの?」「今順位はどれくらい?」「将来の夢

とかあるの？」といった感じです。その場合は、**自分なりのしっかりした考えを言うことが望ましい**です。この際、ハッタリでもかまいません。

お客様……「何でキャバクラで働いているの？」
キャスト……「お金を貯めて、将来自分の店を持ちたいの」
お客様……「今順位はどれくらい？」
キャスト……「今はまだ10位にも入ってないの。でも、やるからには、なんとかトップ3には入りたいの。ナンバーワンの○○さんに憧れていて、絶対にいつか追いつきたいと思ってるよ」
お客様……「将来の夢とかあるの？」
キャスト……「将来は自分の店を持つことが夢なの。だから、今はここで一生懸命働いて、お金を貯めようと思っているの」
「将来は○○の資格をとって、その資格を生かした仕事をしたいの。そのための学費を貯めているところなんですよ」

以上のことを頭に入れた上で、接客していくことがベストです。

しかし、先に説明したように、**フリーの短い時間では、まず、一番多いタイプの「口説き」目的のお客様に照準を合わせる**ことです。

その中で自分のキャラに合わせながら、明るく盛り上げたり、しっとりと会話を進めて、「癒し」目的のお客様ではないかを探る、という方法が良いでしょう。

お客様のタイプ別接客術まとめ

- 口説きタイプには脈ありと思わせるように
- 癒し目的のお客様には真心で
- お節介タイプには夢を語ってあげる

フリーでの会話

フリーでついたときに、どのような会話を進めれば良いか悩むキャストは多いでしょう。

フリーでつく時間は短いので、**あらかじめパターンを作っておき、そのパターンをベースに会話を展開する**と良いと思います。

フリーでの会話の進め方は、❶から❹の手順です。

❶導入トーク

❷つかみトーク

❸ **相手に合わせたネタの展開**
❹ **クロージング・トーク**

「導入トーク」では、インパクトを与える

「はじめまして、○○です。よろしくお願いします。お名前を伺ってもいいですか？この店にはよく来られるんですか？　年齢を伺ってもいいですか？」


これは、よくある導入トークです。

これはどのキャストも使うトークですので、お客様の立場からすると、「またここから始まるのか」とうんざりしてくることもあります。

ただ、この**導入の会話は、お客様の情報を得るためのものですから、最初に聞い**

ておきたい内容でもあるわけです。そこで、同じ会話でも**あなたなりにアレンジして、お客様にインパクトを与える**ことを考えてみましょう。

「はじめまして。あれ？　どこかで会ったことありますよね？　え？　はじめてですか？　このお店よく来られませんか？　え、はじめてですか？　おかしいなあ。じゃあ、夢の中で会ったのかな。私、男性の年齢当てるの得意なんですよ。うーん、25歳でしょう？　え？　違います？　あれ、おいくつなんですか？」

同じ内容の会話でも、お客様に最初から入り込む流れを自分なりに考え、自分だけのパターンを作っておくことが必要です。

「つかみトーク」では、グッとくる一言を添える

ここで言う**「つかみトーク」とは、導入から会話に入って行く前に、グッと相手を惹きつけるワンポイントトーク**のことです。「お！　この子は他の女の子とは違うな」と次の会話が弾むように使えると良いです。

例えば、導入部分でお客様が面白い人であれば**「○○さんって面白い人ですね」**という一言を入れるだけで、お客様はあなたに親近感を持ちます。また、面白いことを売りにしているお客様であれば、得意になって、次の会話が弾みます。

導入で照れ屋な感じのするお客様であれば、**「○○さんて、何か可愛い」**といったトークが有効です。年下の女の子に「かわいい」と言われると、嫌がる男性もいますが、照れ屋な人の場合「好感を持たれた」と思って悪い気はしません。

導入であまりしゃべらない人は、**「○○さんて、どちらかというとクールですね。結構私のタイプかも」**というトークに、一気に惹きつけられる場合があります。

もう一つ、これは昔から水商売で使われている手法ですが、お客様の名前を聞いたあとに「え、お名前○○さんって言うんですか？　昔好きだった人が同じ○○って名前だったんですよ」と言うのです。

男性は、何故かそれだけでその子に興味を持ってしまうから不思議です。

ただし、「その好きだったという男はどんな男だったの？」と聞いてくるお客もいますので要注意です。そのときは高校時代・中学時代に同じ名前だった男を必死で思い出してみましょう。

このように、導入トークから次の会話の展開の間に、相手を惹《ひ》きつける「つかみトーク」を使うと効果的です。

ネタ展開はあなたが興味のある内容でＯＫ

新人キャストは、お客様とどのような会話をすれば良いのかわからない、という人が多いです。これはある程度キャリアを積んでも同じことだと思います。

フリーでの会話は、とにかくお客様が興味を示すことを探ることが大事です。

そのために**短い時間で数々のネタ振りをして、お客様が興味を示したネタで、楽しく会話をする**ことがコツなのです。

しかも、ネタ振りする内容は、自分もある程度興味があり、楽しく会話ができるネタでなければ意味がなく、そういうネタをたくさん用意しておくことが大切になります。考え方としては、**今あなたが一番興味を持っている内容のネタを振ってみる**のが良いと思います。

また、あらかじめ用意しておくネタですが、水商売で昔から言われている、「てきどにせいりすべし」という、ネタ出しキーワードがあります。

て→天気、気候
き→季節
ど→道楽、趣味
に→ニュース
せ→SEX
い→田舎
り→旅行
す→スポーツ
べ→勉強
し→仕事

これらの話題で、自分なりに楽しく会話ができるようなネタを用意しておくことが、フリーでの会話のコツです。

クロージング・トークで背中を押してあげる

営業の世界では、お客様が「購入しても良いかな」とある程度思った段階で、契約に結びつける締めのトークを行います。これを「クロージング・トーク」と言います。**キャバクラにおいても、クロージング・トークは必要**です。

いくら話が盛り上がって気に入ってくれていても、お客様の心理は「この子良い子だな。指名しようかな。でも、もう少し他の子を見てからにしようかな……」というところで止まってしまい、なかなか自分から進んで指名しない人が多いのです。

あなたがショップで服を買うときを思い出してみてください。

ディスプレイに飾られた服に目が留まり、ジッと見つめているとだんだん欲しくなってきました。値段を見ると、買えない金額ではありません。買っても決して後悔はしないだろうと思っています。

しかし、その場でショップスタッフに「これ下さい」と、自ら進んで言える人は結構少ないものです。多くの人が「他の店の服も見てから決めよう」と考えてしまうのです。ですが、そこでショップスタッフに「かわいいですよね？　試着してみませんか？」とクロージングをかけられると、思わず「じゃあ、お願いします」と最終的には購入してしまうのが消費者心理なのです。

キャバクラに来店するお客様の心理も同じです。

ある程度気に入られているなと思ったら、必ずクロージングをかけましょう。

「今日だけでいいから、指名して！」

究極的のクロージング・トークは、「今日だけでいいから指名して」です。

「○○さん、今日だけでいいから、場内指名してくれない？　次回もとは言わないから。最近指名が少ないから、店長に睨《にら》まれてるの。お願い。助けると思って指名して」

「○○さん、良かったら今日だけでいいので、場内指名してくれませんか？　今日はヘルプで変なお客様にばかりついて、滅入ってたの。○○さんについて、やっと楽しく仕事できたから、他の席に行きたくないなって思って。次回もとは言わないので、今日だけお願いできませんか？」

お客様は、一度指名したら、次回からもその子を指名しなければいけないと考えています。その考えがあるが故に、ある程度気に入っているキャストがいても、慎重になるのです。

そこで、「次も指名してとは言わないから、今日だけ指名して」と言われると、「じゃあ、本格的な指名キャストは次回探すことにして、今日はこの子と遊ぼうか」と気軽な気持ちで指名してくれるのです。

ところが、一度指名してくれたお客様のほとんどが、次回来店したときも、またそのキャストを指名することになります。たった15分程度のフリーの時間でさえも、好感を持つことができたキャストですから、指名して本格的に会話をすれば、気に入ってしまうのが当たり前なのです。

仮に、次回の来店時に、本当にフリーで入店してきたなら、そのお客様に何とかフリーでつけてもらって、「○○さん、指名してよ」と言えば、余程《よほど》前回の指名時に「何か思っていた子と違うなあ」と思っていない限り、指名してくれるはずです。

クロージングは去り際がベスト

クロージングのタイミングの原則は、チェンジになる直前です。

まず、知っておかなければならないのは、あなたのお店でキャストがチェンジになるときの状態です。

①つけ回しが（次のキャストとチェンジさせるために）あなたを抜きに（呼びに）来た際、次のキャストがつけ回しの後ろで待っているのか、

②完全にあなたを抜いてから、しばらくして、次のキャストがお客様につくシステムになっているのか、です。

つまり、**お客様が次につくキャストの顔を、見られるのかどうか**です。

もし❶であるなら、つけ回しがチェンジを知らせに来る前に、クロージングをかける必要があります。逆に❷なら、チェンジを知らせに来てから、クロージングをかけても遅くはありません。

お客様の立場から言えば、ある程度気に入って、指名しても良いかなと思っていても、次につく子を実際に見てしまうと、次の女の子はどんな子なのかが気になって、とりあえず話をしてみたくなるのです。

ですから、お客様が次につく子の顔を見る前にクロージングをかける必要があるのです。

会話が盛り上がっているときが、クロージングのチャンス

クロージングは時間的なタイミングだけではなく、会話の中でのタイミングも重要になってきます。

一番良いのは、**会話が盛り上がり、今チェンジになると中途半端で終りそう！　というとき**です。「指名してもらえれば、話の続きができますよね！」と提案できるのがベストです。

例えば、お客様の得意分野の話になり、お客様が得意になって説明しているとき、「その話、もう少し詳しく聞きたいけど、そろそろ呼ばれそうなの。場内指名とかダメですか？　その続きを聞かないと、今日眠れないじゃないですか」

といった感じでクロージングに入るのです。

上級キャストの中には、フリーでついている時間を計算し、そろそろ呼ばれるかなと思われる時間帯に、盛り上がる話題を振ってクロージングをかけるやり手のキャストもいます。

また、お客様は時間を計っているわけではありませんので、まだ少し時間があっても、話が盛り上がった段階で「もうそろそろ呼ばれそう」と言ってクロージングをかけても構いません。

指名をもらえなくても、去り際に余韻を残す

フリーでついている場合、チェンジで席を離れるときのしぐさや言葉は、お客様にとって印象に残るものです。

場内指名をしてもらえず、「私のこと気に入ってもらえなかったのだ」と諦めるの

はまだ早いのです。

初日は一通りのキャストを見て、次回一番気に入った子を指名しようとするお客様は結構多いもの。今の段階では一番気に入っているけど、次に来る子を見てみたいと思っているだけかもしれません。

ですから、次回来店時に指名をもらえるよう、チェンジの際の席の離れ方は気を使う必要があります。

どういったしぐさをすれば良いかは、それまでの接客の流れで違います。

色恋で攻めていたのであれば、甘い雰囲気で席を離れるほうが良いでしょうし、癒し系で攻めていたのであれば、「この後も楽しんでね」という感じが良いでしょう。

例えば色恋の場合、席を離れる間際に、テーブルの上に置いてある自分の名刺をそっとお客様の胸のポケットにしまってあげて、その胸に手を当て「大切にしてね。なくしちゃ嫌よ」と目を見つめて言われると、お客様は参ってしまいます。

ここまで芝居じみたことは出来ないという人は、離れ際に、お客様の膝に手を置き「ＬＩＮＥするから返事ちょうだいね」と言うだけでも、印象はかなり違います。「膝に手を置く」方法は癒し系で攻めていた人にも有効です。離れ際のスキンシップはかなり効果があります。

フリーでの会話まとめ

- 導入トークでインパクトを与える
- つかみは相手に合った褒め言葉を
- ネタに困ったら「てきどにせいりすべし」
- クロージング・トークで指名をもらう
- 去り際にクロージング＆余韻を

初来店の指名はＮＧでも、2度目はＯＫの確率が高い

フリーでついて結構良い感じで接客していたのに、その日は指名をしないお客様というのは結構出ます。後日、そのお客様が、フリーで来店しているのを見つけたら、何とかもう一度フリーでつけてもらうようにしましょう。

そして、そんなお客様に**ついた席でタイミングよくクロージングをかけると、かなりの確率で指名してもらえます。**

通常は、前回指名してもらえず、今回も指名で来店していないのだから、望みはないのではないかと考えると思います。

ところがお客様の心理はそうではないのです。

こういうタイプのお客様は優柔不断で、自分で決められないケースか、あるいは、ある程度気に入った女の子はいるけれど、もっと自分好みの子がいるのではないかと指名をためらっているケースが多いのです。そういったお客様は、ある程度気に入っている子が再度ついてクロージングをかけると、断りづらいものなのです。

ただ、このときのお客様の心理は「嫌々指名した」という感じではなく、「まあ、この子でいいか」といった感じです。そもそもフリーでつく短い時間で、本当に自分の好みの子かどうかなど、お客様は判断できないものです。

とりあえず指名をもらってしまえば、これからフリーの何倍もの時間をもらえるわけですから、時間をかけて「この子にして良かった」と思ってもらえるようにすれば良いのです。

2度目来店のフリーのお客様にはなるべくつくように

来店翌日のフォローがカギ

フリーでついたお客様へのフォロー

フリーでついたお客様には、後日、フォローを入れることが重要です。

キャストを吟味するために、来店したその日には指名しないフリーのお客様と、接待で来ているお客様（接待する立場）、上司に連れてきてもらっているお客様などは、その場での指名をためらうケースが多いです。

このようなお客様は、翌日、どの子が良かったか記憶をたどっているものです。しかし、フリーで話したその場では、それなりに優先順位をつけていても、翌日になるとその優先順位がアバウトになってきます。そこで、**翌日にフォローの連絡を入れると、お客様のなかで優先順位がグッと上がる**のです。

フォローは、ＬＩＮＥか電話、またはメールで行います。

フリーでついた際に、ＬＩＮＥ（もしくはメールアドレス）や携帯電話番号の交換をできるだけ行うようにします。指名をもらっていないとＬＩＮＥや電話番号の交換は難しいのでは……と考えるかもしれませんが、お客様の心理からすると、ある程度気に入っている子であれば、ＬＩＮＥくらいなら問題ないと考える人も多いです。もちろん、無理強《むりじ》いは出来ませんので、会話の流れの中で聞くことが大切です。

フォローは、お客様の状況により、ＬＩＮＥにするのか電話にするのかを選択します。かなり会話が弾んだお客様であれば、その乗りで電話するほうが良いですが、お客様の仕事の状況やプライベートな状況がわからないので、**電話が可能な時間帯は会話の中で聞いておきたいもの**です。電話可能な時間帯を聞けなかったお客様には、LINEでフォローするほうが無難です。**基本的にはLINEでフォローし、条件の合ったお客様には電話でフォローする**と考えたほうが良いでしょう。

フォローの内容は、「昨日は楽しかったです」という内容に終始し、来店を促す営業は避けるべきです。長い文章にする必要はありませんが、ポイントだけは押さえた内容にしましょう。フォローの目的は、**一夜明けて曖昧な記憶の中から、あなたの存在を思い出してもらうことが一番の目的**で、私はあなたのことを「とっても気に入ってしまいましたよ」と伝えるのが二番目です。

前述の通り、ほとんどのお客様は「口説き」目的ですので、男としては、まずキャストが自分を気に入ってくれている、ということが口説ける条件になるのです。

「ユア・プレイスの○○です。覚えていますか？　昨日はありがとうございました。とても楽しかったです。久しぶりに仕事を忘れておしゃべりしました。また××についてお話ししましょうね」という内容で良いと思います。

これで「昨日××について会話をしたのは私ですよ」と、名前を覚えてもらうことができます。ポイントは、**あなたのことを思い出してもらうこと**です。

「ユア・プレイスの○○です。昨日はありがとうございました。昨日は物静かな○○さんの姿に、ちょっぴりドキッとしてしまいました。私もあまりしゃべるほうではないので、○○さんとなら落ち着いて時間が過ごせます。教えてもらったイタリアンのお店、今度行ってみたいです」

少し長くなりますが、もし可能なら、店でどんな話をしていたかを織り交ぜたり、さりげなく相手を持ち上げて、他のお客様にはない魅力が、あなたにはあるということを伝えることも有効です。

場内指名をもらったお客様へのフォロー

お客様から場内指名をもらったからといって安心してはいけません。

フリーでついた際の接客が1次試験だとすれば、場内指名は2次試験を受けただけだと思いましょう。その後、お客様が通ってくれるようにするためにも、フォローは大切なのです。

指名をもらっているのですから、LINE（もしくはメールアドレス）・電話番号の交換は当然しておきましょう。なおかつ、LINEが可能な時間帯、電話可能な時間帯も聞いておくようにします。

フォローは、翌日、必ずするようにします。

内容は、フリーでついたお客様へのフォローと同じように、「昨日は楽しかったです」という内容を中心にして、来店を促す営業は極力控えたほうが良いでしょう。お客様も昨日の楽しかった余韻に浸っているところですから、そこで来店営業をすると、「やっぱり営業だよな」と気持ちがさめてしまうことが多いです。せいぜい盛り上がった話題をネタに「また○○についてお話を聞かせて下さい」という程度に抑えると良いでしょう。

フォローまとめ

- お客様についたときにＬＩＮＥ等の連絡先を交換
- 連絡できる時間帯などをできればお客様に聞いておく
- フォローの目的はあなたのことを思い出してもらうこと
- 来店翌日は電話フォローが無理ならＬＩＮＥだけでも必ず送る
- 場内指名してくれたお客様にも必ず翌日にフォローを

第2章

お客様が足を運びたくなるLINE営業術

営業LINEを送る効果的なタイミング

お客様に来店してもらうために、今キャバクラの営業で主流になっているのがLINEでのアプローチですね。お客様に送るLINEはあくまでも営業目的ですから、最終的には**お客様に来店してもらうようにLINEで促さなければなりません。**ただし、送るメッセージの**内容は、具体的には世間話も含め、気持ちを通じさせるためのものが主で、その中にポイント的に営業を入れる**ようにします。

電話をかける時間は気にしても、LINEを送る時間を気にしないキャストは結構います。特に昼の仕事と掛け持ちしていないキャストの場合、お客様と生活の時間帯が違います。ですから、ＬＩＮＥを送る時間帯も考えて送らなければなりません。効果的な時間帯を、お客様の立場で考えてみましょう。

返信率の最も高い時間とは？

12～13時というお客様の昼休みにあたる時間は、**ＬＩＮＥを送るのには、非常に効果的な時間帯**です。サラリーマンのお客様であれば、お昼休みだからです。

この時間帯は、通知があればその場で見てくれますし、ＬＩＮＥの内容によっては返事をしやすいときなのです。いつもなかなか返事をくれず、一方通行が多いお客様には、「今日は早起きしたよ！」とこの時間帯にＬＩＮＥを送ってみましょう。

当日来店の営業ＬＩＮＥを送るベストの時間とは？

15～17時のお客様は、まだ仕事中です。**即座に返事を返すということは無理**だと考えましょう。

ただ、お客様はこれくらいの時間から「今日は仕事が終わってからどこに行こうか？」と考えている人も多いものです。**「今日来て欲しい」場合は、他に予定を入れてしまう前に、この時間帯に営業ＬＩＮＥを送るのが効果的**です。

仕事の合間にＬＩＮＥを見て、「よし！　今日はこの子に会いに行くか」と考えてくれるかもしれません。またその日同伴の予定になっているお客様には、コンファーム（確認）を兼ねて、ＬＩＮＥすると良いでしょう。コンファームといっても「今日の同伴は大丈夫ですか」と確認するのではなく、「今日の同伴楽しみにしています」と、同伴は決定ですよという感じで送ると良いでしょう。
もし、同伴予定のお客様の都合が悪くなれば、この時間であれば、まだ他のお客様に同伴の営業ができます。

当日来店の営業ＬＩＮＥを送るタイムリミット

17〜19時は、お客様の仕事によっても違いますが、ほとんどの場合、会社を出る時間帯です。その日に来店予定になっているお客様で、まだ連絡していないお客様には、「今日は久しぶりに会えるね。楽しみだな」と、**リマインド（思い起こさせる）を兼ねてＬＩＮＥしておきましょう。**

また、それまでの時間帯で来店の予定が思わしくないときは、お客様が家に帰ってしまう前に営業しなければなりません。この時間帯がラストチャンスです。

営業時間中の来店依頼ＬＩＮＥはＮＧ

営業時間中に来店依頼のＬＩＮＥをするときは、**よほど切羽詰まったとき以外は、避けた方が良い**でしょう。来店依頼のＬＩＮＥをするにしても、かなり親しくなったお客様のみにします。

まだ指名をもらってから日が浅かったり、来店頻度の少ないお客様からしてみると、この時間に来店依頼のＬＩＮＥが来ると、プレッシャーを感じる人もいるのです。

そういうお客様には、来店を促さず、

「今日はなぜか、露出系のドレスの子が多いよ。私もだけど」

といった感じで、今日のお店の雰囲気を伝えてあげたり、

「さっき座った席が○○さんとはじめて出会った席だったので、つい○○さんを思

い出してＬＩＮＥしちゃった」

という感じの内容に留めておきます。依頼するのではなく、お客様の方から行こうかなと思うようなＬＩＮＥにするのです。

また、営業中はいつ接客につくかわからず、お客様から返信が来ても対応できない可能性もあるので、返信をもらう必要がない一方通行の内容を意識するようにしましょう。気をつけなければいけないのは、妻帯者の中には家にいる時間帯にＬＩＮＥが来るのを嫌う人もいるので、前もって確認しておくようにします。

閉店後のＬＩＮＥは状況を把握してから

この時間は、お客様は確実に眠っています。**この時間にＬＩＮＥを送る場合は、お客様の状況をちゃんと把握してから**にしましょう。まず、寝るときにスマートフォンをどこに置いているのか？　通知音は切っているか？　を把握しておくのです。気持ちよく寝ているのに、通知音で起こされるのは気分が悪いものです。

また、消音にしているお客様でも、妻帯者であれば送信を避けるべきです。バイブレーションでも奥さんは敏感に感じ取るものです。この時間にＬＩＮＥを送る主は水商売の女性しかあり得ない、という女の感は鋭いのです。

この時間にＬＩＮＥを送っても支障のないお客様には、朝目覚めてから見て欲しい内容を送ります。朝目覚めてお気に入りの子からのＬＩＮＥを見るのは結構うれしいものですよ。今日も仕事を頑張ろうという活力にもなります。

このようにＬＩＮＥだからといつ送っても良いというわけではありません。妻帯者であれば、家に居る時間帯はＬＩＮＥが来るのを嫌がる人もいます。独身でも彼女がいる男性であれば、土日の休みに彼女とデートしている最中にＬＩＮＥが入ったら焦るに違いありません。LINEの交換をしたときに、LINEをしてはいけない時間帯や曜日があるかどうかなど聞いておきましょう。

営業LINEの時間帯まとめ

- 正午過ぎのLINEはお客様が返事をしやすい
- 夕方は当日来店を促しやすい
- 営業時間中は基本的に送らない
- 閉店後（夜中）のLINEはお客様の状況を把握してから

お客様によってLINEを送るサイクルを変える

2ヶ月に1回しか来店しないお客様に、毎日LINEしてもあまり意味はありません。逆に週に1回来店するお客様に週に1回のLINEでは少なすぎます。一人一人のお客様によってどれくらいのサイクルでLINEするのかを、決めておく必要があります。目安は左のようになります。

週2回以上来店のお客様 ⬇ 最低週3回以上～ほぼ毎日
週1回来店のお客様 ⬇ 最低週2回以上
月2回以上来店のお客様 ⬇ 週1回以上

月１回以上来店のお客様⬇月２〜３回以上
その他⬇月２回以上

つまり、**お客様の来店回数よりＬＩＮＥの回数が多くなるようにする**のです。

そして、お客様に「来店してくれという営業ＬＩＮＥしか来ない」と思われないようにすることが大切です。

考え方としては、普段は世間話を含め、気持ちを通じさせるためのＬＩＮＥをし、ポイントとなるときに、来店を促す営業ＬＩＮＥを入れるようにするのです。

ＬＩＮＥを送るサイクルまとめ

- **お客様それぞれの来店ペースに合わせてＬＩＮＥを送る**
- **普段は世間話などで、タイミングをみて来店を促すＬＩＮＥを**

思わずお店に会いに行きたくなるLINEとは

お客様とのLINEは、**来店を促す営業LINEと、お客様を繋ぎとめておくためのフォローLINE**とに分かれます。

キャストとしては、来店してもらわなければお客様ではないので、営業LINEが中心になりがちです。しかし、お客様の立場からすると、キャストを擬似恋愛の対象として見ていますので、普段は何気ない世間話などで会話を楽しみ、時間とお金が許すときに会いに行く、といった感じで付き合っていきたいのです。

ですから、お客様は来店を促す営業LINEばかりだと、「所詮俺はお客なんだ」と興ざめしてしまうものなのです。

フォローＬＩＮＥは彼氏に送るような内容を

フォローＬＩＮＥは、お客様に自分の存在を忘れないようにしてもらうためのもの、と考えて送るものです。ですから、来店を促すのではなく、普段のあなたが何を考え、どのように行動しているか、日記のようなＬＩＮＥを心がければ良いのです。たとえて言うなら、月に２～３回しか会えない彼氏にＬＩＮＥするような感じです。

フォローＬＩＮＥは、出来たら一人一人違う内容のＬＩＮＥを作りたいものですが、同じ内容のＬＩＮＥでも構いません。ただし、同じ内容の場合は、必ず「○○さん」と相手の名前を呼びかけるところを作り、一人一人相手の名前を入れるようにします。

そうすれば、お客様から見ると、コピペなのかな？　違うのかな？　といった程度であまり気にならないものです。

フォローLINEの例としては、

「ねェ、ねェ、○○さん聞いてよ！　今日寝坊しちゃって、あわてて家を飛び出して電車に乗ったら、前の座席の男の人がじっと私を見てるの！　この人、私に気があるのかな？　と思って、思わずお店に来て！　と名刺を出そうかと思っちゃった（笑）。そしてお店について鏡を見たら、何と！　眉毛がなかったよ！　あわててたから眉毛書き忘れちゃった……。名刺出さなくてよかったよ」

「○○さん、おはよ！　昨日ね、友達とカラオケに行って、朝まで歌ってたよ。おかげで、今日起きたら声がガラガラ。今日の仕事は筆談になりそうだよ（笑）」

こういう楽しい内容のLINEであれば、コピペLINEでもお客様は気にしません。でも、いつもいつもコピペLINEということではなく、**何回かに1回は、そ**

のお客様としか通じない内容の個別LINEを送るようにしましょう。

営業LINE

営業LINEは、来店を促すLINEです。

普段はフォローLINEでお客様を繋ぎとめておいて、そろそろ来店して欲しいなと思ったときに営業LINEを送ります。よほど親しくなり、何でも言い合える付き合いになれば、ストレートに「今日あたりお店に来てよ」と連絡しても支障はないでしょう。しかし、まだそこまでの**関係が築けていない時期においては、さりげない営業LINEが必要**になります。

実際に私が思わずお店に行ってしまった経験のある、具体的なLINEの例を挙げておきましょう。

本日限定編

「今日はね、おニューのドレスだよ！　結構自分ではお気に入りなんだ。〇〇さんも気に入ってくれると思うけどな。よかったら見に来て！」

「今日は特別に〇〇の香水をつけてみました！　誘惑の香りだよ！　誘惑されに来る？」

（ちょっときわどいドレスを着てきたとき）「今日のドレスちょっときわどかったみたい。ボーイさんに今日はエロっぽいねって言われちゃったよ。どんなドレスか気になるでしょう？　見に来る？」

男心をくすぐる誘いですね。こんなことで思わずお店に行ってしまう自分が情けないです。

「エーン、〇〇さーん、助けてー！　今日全然指名ないよー！　店長が怖い目で睨んでるよー！」

ストレートな営業ですが、ある程度付き合いが長くなっていて、そろそろお店に行こうかなと思っている時期だとハマってしまいます。

「ねえねえ、面白い話があるよ。ＬＩＮＥでは長くなるからお店においでよ。今日来れない？　本当にびっくりする話だよ！」

この営業はすごかったです。私は何があったのか？　と慌てて行きました。そうしたら「あれ？　何の話をしようとしたのかなあ？　あれー?? 忘れちゃった。本当に面白い話なんだから。……あ、それよりさあ……」と、まったく別の話になり結局肝心な話は聞けずじまいでした。いまだにそんな面白い話があったのか否かは謎です。

期間限定編

「今週あたりお店に来れない？　クッキー作ろうと思うんだけど、せっかくだから○○さんにも食べて欲しいなと思って」

「この前、車で遠出したときにかわいいキーホルダー見つけたよ。○○さんにも買って来たから、近いうちにおいでよ」

モノで釣る作戦は意外と効果的です。品物自体はそんなに欲しいわけではないですが、自分のために用意してくれたと思うと欲しくなるものです。男はついついモノ欲しさで行ってしまうわけですね。

「○○さんて、△△の分野に強いって言ってたよね？　ちょっと相談に乗ってもらいたいことがあるんだ。近いうちに来れないかな？」

これは人によりけりですが、相談されると頼られていると思い、結構うれしいものです。何だろう？　と思って行ってみると大した相談ではないケースが多いですけどね……。

久しぶりに来て欲しい編

「もう○○さんとはずーと会ってない気がする。だんだん禁断症状が出てきたよ。久しぶりに元気な顔を見せて欲しいな」

禁断症状という言葉は結構うれしいものです。たまには行ってみようかなと思ってしまいます。

「久しぶりに○○さんとLINEでお話ししたら、会いたくなっちゃった。久しぶりにお店においでよ」

普段のＬＩＮＥでは一方通行、もしくは1往復のＬＩＮＥしかないお客様と、2往復3往復のＬＩＮＥをしたときには有効です。

そろそろ来て欲しいなと思ったら、返事を出しやすいＬＩＮＥを送り、何往復もやり取りをします。その後、このようなＬＩＮＥを送ると、たまには行ってみようかなと思ってしまいます。

これら、効果的なＬＩＮＥのすべてに言えることが、**自然な流れの中での営業を心掛ける、**もしくは、**営業だとわかっていてもハマってしまう営業を心掛ける、**ということです。

どの業界の営業でもそうですが、営業の極意は「素直に、抵抗なく、聞き入れてもらう工夫をすること」です。

会いに行きたくなるＬＩＮＥまとめ

- フォローＬＩＮＥは彼氏に送るような気持ちで
- できればお客様それぞれに違う内容のＬＩＮＥを
- ストレートな営業ＬＩＮＥは親しくなってから
- 営業ＬＩＮＥは返事をしやすい内容を送る
- 自然なやりとりの流れの中で来店を促す

第3章

同伴を何度も
成功させる
気づかいのポイント

同伴を阻《はば》むお客様の心理

お客様の立場で「同伴」を考えてみると、同伴中はその子を独占できるわけですから、お店でお金を払うより価値があるわけです。特に、人気があって、いつも指名が重なっている子を指名しているお客様にとっては、非常にありがたい制度です。

なおかつ、お店とは雰囲気が違い、服装も私服で（中には仕事着で同伴する女の子もいますが）、プライベートに近い状態でキャストと接することができるわけですから、同伴は口説くにしても、込み入った話をするにしても好都合なのです。

お店としても開店時の客入りが一番頭を痛めることですから、開店時からお客様が来店してくださる同伴システムを奨励するお店が多いのです。ですからほとんどの店で、同伴したキャストには同伴ポイント、もしくは金銭バックをつけています。

お客様にも、お店にも、キャストにもおいしいのが、同伴制度です。

しかし、いざお客様を同伴に誘ってみると、なかなか良い返事をしてくれない人が多いものです。**お客様にとって、何が同伴のネックになっているかを知ることが、「同伴」の攻略のポイント**になります。

時間のかからないお店のストックを持っておく

同伴の場合、入店しなければならない時間が決まっています。それまでに入店しなければ、同伴として認められません。クラブやラウンジでは8時や8時半、キャバクラは8時半か9時という店が多いと思います。

その時間までに食事等を済ませて同伴入店するには、最低でも入店1時間前にはお客様と待ち合わせしなければならないということです。そうすると、9時までの入店の店なら最低でも7時半か8時にはお客様と待ち合わせをしなければならないわけです。8時入店の店ですと7時か6時半ということになります。つまり、この時間に仕事を終えて待ち合わせできる人でなければ、なかなか同伴に応じられないということになります。

❶時間がネックになっているお客様には、**時間があまりかからない食事を誘って、待ち合わせ時間を遅めに設定してあげる**のも方法です。

時間があまりかからない食事（回転寿司、ラーメン、パスタ等）に行くようにしましょう。

❷もっと時間を短縮するには、**店の近くにある喫茶店で待ち合わせて、30分程度**

話をしてから店に入る方法があります。「○○さんだから、折り入って相談があるの」など、男性を頼るような形で誘いをかける、やり手のキャストもいるようです。軽い食事ならそこでも出来ます。ただ、お客様は相談と言われると「お金」の問題ではないかと警戒しますので、「友人のこと」「就職のこと」など、先に簡単に相談内容を知らせておきましょう。

③究極の同伴は店前同伴です。文字通り**店の前で待ち合わせて一緒に入店する**わけです。ただ、一緒に店に入るだけで同伴料が発生しますから、お客様にとっては、非常に割りの合わない同伴です。ですから、キャストにとって同伴がどういうものかをきちんと理解してくれるお客様でなければこれは難しいです。

８時開店の店で、お店が指定する同伴時間が９時だったとしても、ほとんどのキャストは開店の８時に入店できるように同伴を設定します。それはほとんどの店が、入店時間からしか時給が発生しないからです。

時給5千円をもらっているキャストであれば、9時に入店すると1時間分の5千円が減ることになります。その考え方は正解だと思います。しかし、時には敢えて給与を減らしても9時ぎりぎりに入店する同伴を作ることも必要です。それは、同伴することで、より親密になり、大きなお客様に発展しそうな人が、どうしても時間的な問題で早い時間に待ち合わせできない場合です。同伴はお客様との距離をグッと縮める効果があります。ここぞというときは、先行投資だと思って、遅い時間の待ち合わせで同伴を試みてみましょう。

初回からリーズナブルなお店を提案する

お店によって金額は異なりますが、同伴をするとお客様に同伴料がかかります。金額は2〜3千円くらいです。キャバクラへ通うお客様にとって、この同伴料自体はそれほど負担にはなりません。

お客様が金銭的に考えるのは、入店前の食事にかかる予算です。キャバクラへ通うお客様は見栄っ張りの男性が多いです。キャストを食事に連れて行くからには、それなりに喜んでもらえるところへ連れて行こうと考えるのです。

ほとんどの男性が頭に浮かべるのは、焼肉、しゃぶしゃぶ、寿司などです。どれも二人で行けば最低でも1万円は必要になります。ちょっと食べ過ぎれば二人で2万円コースです。それだけで普段キャバクラで遊ぶ1回分の金額になってしまうお客様もいるのです。

そして、食事の後にお店に入るわけですから、お店で支払う金額と合わせると、いつもの倍くらいの金額に相当する3〜4万円の予算が必要だと考えるのです。

ですから、**初めて同伴するお客様には、こちらからリーズナブルな店を指定して**

あげましょう。初めての同伴で男は張り切るものです。ついつい背伸びをした店に連れて行こうとします。

しかし、初回にそういう店で同伴すると、次回もそれくらいのランクの店でなければと男は考えてしまいます。それが段々プレッシャーになってくるのです。

初めにリーズナブルな店に連れて行けば、お客様は「ああ、この程度でいいんだ」と安心します。

2回目以降の同伴は、お客様と何を食べるかを相談して、それなら○○に良い店があるよと、お客様が何を食べたいと言っても対応できるように、お店を調べておくと良いでしょう。

同伴まとめ

- **同伴はお客様、キャスト、お店にメリットがある**
- **あらかじめお店の近所の飲食店をチェックしておく**

♥時間がかからず、低価格の食事の店を知っておく

♥とくに同伴初回はリーズナブルなお店にする

同伴に最適な場所と時間とは？

同伴で食事をする場合は、なるべくお店から近い場所にするようにしましょう。
タクシーで移動するような場所では、渋滞に巻き込まれ時間までに入店できない場合もあります。**徒歩10分圏内がベスト**です。そうすると、お店に近いという安心感から、お互いにゆっくり食事と会話を楽しむことも出来るのです。

待ち合わせ時間は、食事をする時間と移動時間を考えた上で、店に入る時間から逆算して決めます。

食事に2時間かけると、お客様は喜びますが、もうそれだけで**満足してお店に行**

く理由がなくなってしまいます。少し話し足りないなという程度でお店に移動するのがベストです。

食事の内容にもよりますが、1時間ちょっとくらいが丁度良い時間です。少し親密度を上げるために、ゆっくり話したいなというときでも、食事をする時間は1時間半程度に抑えておきたいものです。

♥同伴で食事する店は、お店から徒歩10分圏内を目安に

同伴の誘い方

1回目の同伴さえクリアすれば、2回目以降は、スケジュールが合いさえすれば簡単に応じてくれるケースが多いです。とにかく1回目の同伴をクリアするためにさまざまなテクニックを身につけましょう。

接客中には食事の話題から同伴へ

同伴に誘う基本は、**接客時に「今度一緒に食事をしましょう」**という会話をして、

その後「いつ行く？」と詰めていくのがオーソドックスな誘い方です。接客時にそういう会話に持っていけるように、食べ物の話をし、どこそこの店が美味しいとか、どこそこの店は変わった雰囲気だとか、そういう話題を作るのが自然な流れです。

ただし、気をつけなければいけないのは、お客様は食べ物屋の話題をするとき、見栄もあって、高級店や有名な店の名前を出します。そのタイミングで「今度そこに連れて行って」と言うと、余程親しくなったお客様以外は通常尻込みをしてしまいます。

まだ付き合いが浅いお客様が相手の場合は、

「そこは高いんでしょ？　そんな良いところでなくてもいいから、○○が食べたいな。今度安いお店見つけておくから一緒に行きましょうよ」

といった感じで誘うようにします。

LINEで季節の食べ物をネタに誘う

「〇〇さ～ん！　もう秋だね！　今日ね、友達と『もう秋だね』って話してたら、友達が『秋といえば秋刀魚《さんま》だよ！』って言い出して、話が盛り上がったから、無性に秋刀魚を食べたくなったよ。脂の乗った秋刀魚を大根おろしとスダチで食べたーい！　もう我慢できない！　ねえねえ、〇〇さん、今日ヒマ？　秋刀魚食べに行こうよ！　秋刀魚の塩焼きと大根おろしと、味噌汁にご飯、最高ジャン！　ねえ、行こうよ！」

「〇〇さ～ん！　もう冬だね！　本当に寒くなったよ。これだけ寒くなると、おでん食べたくならない？　お店の近くにある〇〇っていう居酒屋、安くて美味しいって評判なんだけど、おでんが結構美味しいらしいの。ねえねぇ、おでん食べに連れてってよ。贅沢言わないから、卵と大根とハンペンとコンニャクだけでいいから(笑)。今週あたりどう?」

その季節になると食べたくなる食べ物があります。春の「竹の子」「初かつお」、夏の「うなぎ」、秋の「秋刀魚」、冬の「おでん」「鍋」。

その時どきに旬のものを食べたいと思うのはお客様も同じです。その**季節に合わせた食べ物のネタで誘います。**

その際、**手頃な金額で食べられるもの**をネタにしましょう。そうすればお客様は「まあ、それなら大してお金もかからないし、行こうか」という気持ちになります。

男性だけでは行きづらいお店に誘う

「○○さ〜ん、パスタ好き？　昨日お店の近くで美味しそうなパスタ屋さん見つけたんだけど、一人じゃ入りにくいの。みんなカップルか女の子同士で入っていて、女一人なんていないんだもん。ねえねえ、○○さん、今度お店に来るとき、そのパスタのお店付き合ってよ。今週あたりどう？」

「○○さん、オムライス好き？　店の近くにオムライスが売りのかわいい店が出来たんだけど、一緒に行かない？　一人でいくのは嫌だし、○○さんと一緒なら楽しそうだから、一緒に行こうよ。今日か明日行かない？」

意外と男性もパスタやオムライスは好きなのです。甘いものや、おしゃれなカフェご飯などに興味を持っている男性も多いものです。でも、男性だけでそういう店には入りにくく、なかなか行く機会がないのです。

女性から誘われると、こういう機会に行ってみようかという気持ちになります。他にもピザの店や、サラダバーの美味しいハンバーグ屋さんなど、手軽な食事で誘うと、お客様は応じやすいものです。

相談を持ちかけて、特別感を感じてもらう

「○○さん、今週あたりお店に来る予定ありませんか？　もし来れそうなら、ちょっと早い時間に来て、お店の近くの喫茶店でお茶でもしませんか？　30分くらいでいいんだけど、できたら話を聞いてアドバイスして欲しいことがあるんです。こん

なこと頼むのずうずうしいかなあ？　あ、金銭的なトラブルじゃないですよ。ちょっと友達のことで悩んでいることがあって。もし可能なら、事前に連絡くれると助かります」

ある程度通ってくれているお客様にしか使えない手ですが、**時間的なネック、金銭的なネックを抱えているお客様には有効な営業**です。

会話の中で、お客様の得意分野を聞いていたら、それに絡めた相談をすると良いでしょう。

例えば法学部出身のお客様なら法律の問題、不動産関係の会社に勤めているお客様なら、友達がマンションを退去しようとして原状回復でもめているとか、そういう相談を持ちかけるとベストです。何も思いつかない場合は、自分の就職や進路の相談でも良いでしょう。友達が彼氏ともめているといった相談でも良いです。

とにかくお客様は相談を受けるということで、特別な存在になったような気がするのです。ただし、前にも述べましたが、何も言わずに相談というと、お客様はお金を貸してということではないかと警戒します。お金のトラブルではないと前もって言っておく必要があります。

ストレートに伝える(泣き落とし)

「○○さ～ん、助けて！　今日から同伴強化になっちゃったよ(泣)。私、同伴なんかほとんどしたことないから、どうしたらいいのか分からないよ(涙)。こんなこと○○さんしか頼めないよ。お願い、助けると思って同伴付き合って」

これもある程度通ってくれているお客様でないと通用しない営業です。**ある程度通ってくれているのに、同伴を誘うきっかけがなかったお客様に使ってみても良い**

でしょう。

誘い方まとめ

- ♥季節の食べ物など食事の話題から同伴を促す
- ♥男性だけでは行きづらいお店を
- ♥何か相談事をもちかける
- ♥泣き落として同伴してもらうことも

食い逃げを防止するには？

食事だけはするけど、その後にお店に来てくれないというお客様がいます。

中には、食事の後に一旦別れて、何時間かしてからお店に来るというへそ曲がりもいます。キャストとしては、一緒にお店に入ってくれなければ同伴になりませんので、必ず一緒にお店に来てくれるようにしなければいけません。

食事はＯＫしてくれたけど、果たしてお店に来てくれるのかどうかわからないというお客様に対しては、食事の約束を取り付けたときに「わーい！　○○さんと初めての同伴出勤だ！」と**喜びのＬＩＮＥを送ってみます。**

何も言わなければ同伴に応じてくれるということですし、「食事はいいけど、お店には行かないよ」と言われたら「え？　同伴じゃないの？　だったら今日はやめておこうかな。今週同伴ノルマがあるから、同伴出勤じゃないとまずいの。今度ノルマがないときに食事行こう」と断るのも手です。

ただ、今後大きなお客様に変わっていきそうな相手であれば、同伴がつかなくても、一緒に食事をして距離を縮めておくのも良いと思います。

♥食い逃げ防止は事前の喜びＬＩＮＥ（連絡）

第4章

お客様を魅了する接客の秘密

基本的な会話術

1日1ネタをストックする

フリーのお客様であれば、ある程度パターンの中で会話が出来るようになります。

しかし、指名をもらって、ある程度経過したお客様とは、どんな話をすれば良いのかわからないというキャストがいます。

確かに、フリーで指名をもらうより、指名のお客様を繋ぎ止めておくための会話の方がはるかに難しいでしょう。

話題が豊富で会話上手なキャストは、毎日一つは必ず会話のネタを考えている子が多いです。

どんなことでも構いません。「今日こんな楽しいことがあった」「今日こんなミスをしてしまった」など、**会話にして5～10分くらいのネタ**を、たくさんストックしておくことです。

そうすれば毎日来店するお客様にも毎日１個、ネタを提供できるということです。

とにかく、来店する度にお客様を楽しませてあげることを考えなければなりません。後はお客様のタイプと状況に合わせて、その場その場で会話を考えていきます。

まずは、「１日１個のネタを考えること」を実行してみて下さい。

「パーツ」「性格」「考え方」をほめる

普段、あなたはほめられていますか？
ほめられたときに、うれしくなりませんか？

人は他人からほめられるとうれしいものです。
しかし、子供時代と違って、大人になってから、ましてや、社会に出てからは、ほめられることが滅多にありません。お客様もほめられることに慣れていません。ですから、何かにつけお客様をほめてあげるのです。

ほめ上手な女の子も、また、人気のあるキャストです。
ほめられたお客様はうれしくて、あなたと過ごす時間が楽しくてしょうがないものになります。

一人のお客様に対して、最低３箇所は良いところを見つけてほめてみてください。ただし、容姿をほめるときは気をつける必要があります。中にはコンプレックスを抱いている人がいる可能性があるからです。ですから、**外見をほめるときは、パーツをほめる**ようにします。

＊「**目がかわいいですね**」
＊「**私、そういう唇好きです**」
＊「**素敵な耳をしていますね**」
＊「**男らしい眉ですね**」
＊「**綺麗な指をしてますね**」

といった感じでほめるようにします。

容姿以外で男がほめられてうれしいのは、性格と考え方です。

＊「○○さんて優しいね」
＊「○○さんといるとホッとする」
＊「○○さんって、人を包み込むような性格ですね」

と性格をほめ、お客様が何か考えを言えば「すごい。○○さんってすごいですね」とほめてあげます。

話をさえぎらず、聞き役に徹する

お客様が話している最中に話をさえぎって、自分が話し出してしまうキャストがいます。こんなキャストは残念ですが、人気が出ません。

お客様が何か話そうとしているときは、どんなにつまらない話でも、また、自分が既に熟知している話でも、最後まで聞かなくてはなりません。

人間は、話すことによってストレスを発散します。

お客様は、心の内にあるモヤモヤを話すことによって、ストレスを発散しようとしているのです。それを途中でさえぎられると、ストレスを発散しきれず、フラストレーションが溜まってしまいます。ですから、途中でさえぎらず、最後まで吐き出させてあげることが大切です。

「聞き上手が話し上手」というように、**聞き上手にならなければ、お客様を癒してあげることはできません。売れているキャストは話し上手なのではなく、必ず聞き上手**なのです。お客様はストレスを発散するためにお店に来ているのだということを忘れてはいけません。

聞いていることをアピールしながら、接客業務をこなす方法

お客様が話しているときは、適度な相づちを打ちながら、目を見てしっかり聞くようにします。話を上の空で聞いていると、お客様は白けてしまうものです。

難しいのは、お客様の話を聞きながら灰皿を換えたり、水割りを作ったりしなければならないということです。

お客様が話をしている最中にテーブルの諸業務をしていると、話を聞いていないと思われてしまう場合があります。そんなときは、「それでどうなったの?」や「すごいじゃない!」といった、**しっかりした相づちを打ちながらテーブル業務を行う**と、お客様は違和感を感じません。

やんわりと意見を伝える

営業の世界では、お客様に反感を持たれないように、YES・BUT法（間接否定法）と例話法《れいわ》をうまく活用することが成約の秘訣といわれています。

キャバクラでの会話においても、この話法を身につけて会話することで、お客様との会話をスムーズに進めることが出来ます。

YES・BUT法（間接否定法）

営業の世界で基本中の基本とされている話法です。文字通り、**まず、相手が言うことをYESで認めてあげます。その上で「しかし（BUT）」と相手の話にやんわりと反論していく**方法です。

まず、相手が言うことを認めてあげることによって、相手は「この人は自分のことを理解してくれる人だ」と共感を持ちます。その上で反論しても「自分のことを理解してくれた上で言ってくれているんだ」と感じるのです。

YES・BUT法を使わずに相手の言うことを頭から否定していくと、議論になりがちです。

お客様は議論をしに来ている訳ではありませんから、極力YES・BUT法を使うようにしましょう。

例話法

自分の意見をストレートに伝えると「何でお前に、そんなことを言われなければならないんだ!」と反発を買う場合があります。そんなときには、**有効な第三者の例を出し、やんわりと自分の意見を言う**例話法を使うと、お客様は素直に抵抗なく聞いてくれます。有効な第三者の例は実際の例であればベストですが、多少の作り話でも「嘘も方便」でＯＫです。

お客様……「今日さあ、会社の上司が……って言うんだよ。頭にきちゃってさ。そんなこと言うなら自分でやってみろ！　って言いたくなっちゃったよ」

キャスト……「本当に？　それは頭にくるよね。私なら本当に自分でやってみろ！って言ってたかもしれない（ＹＥＳ）。でもね（ＢＵＴ）○○さん、他のお客様に聞くと、どこの会社でも一緒みたいよ。私のお客様で、ある会社の部長さんがいるんだけど（例話法）、自分も若い頃は上司に言われて頭にきていたけど、今振り返ると、言われたことを反発しながらも、ちゃんとやってきたから今の立場になれたって言ってたの。だから、今の立場になってからは嫌われてもいいから、部下に対しては厳しいことを言っているんだって言ってたよ。今は大変かもしれないけど、いつか報われるときがきっとくると思うよ。だから○○さんも頑張ってみてよ」

会話の基本まとめ

- 1日1ネタをストック
- 「パーツ」「性格」「考え方」をほめる
- 聞き役に徹する
- 聞きながら接客業務もこなす
- YES・BUT法、例話法で意見を言う

接客中のしぐさ

接客時のしぐさは、お客様の心をつかむ上でウェイトが高いものです。キャストのしぐさ一つで、「この子かわいいな」と思い、「守ってあげたいな」「応援してあげたいな」と思うものです。

自分の一番かわいい顔を知る

私が指名しているあるナンバーワン嬢は、よく写真をＬＩＮＥで送ってきます。

どれも自撮りかスタッフに撮ってもらった写真なのですが、本当に可愛く写っています。自撮りでよくこんなに可愛く写せるなあと感心します。

また、浴衣祭りやコスプレなどのイベントでは、私はカメラ小僧に変身し、お気に入り嬢のコスチュームを身につけた姿を写真に収めるのですが、彼女たちはカメラを向けた瞬間に、すばらしい顔をするのです。

彼女たちナンバーワン嬢は、**毎日のように鏡を見ながら、自分の一番良く見える顔を研究している**そうです。

正面からの一番良い表情、右斜め45度からの一番良い表情、左斜め45度から見た一番良い表情など、どの角度からでも一瞬で男を惹きつける顔が出来るよう研究しているのです。

これは、写真写りだけではありません。接客時においても、笑顔でも、さわやかな笑顔、甘えるような笑顔、怒った顔でも可愛く見える怒り方、愛らしい困った顔などなど、上位人気のキャストになると、それが自然に出るように練習しているのです。

男は表情が豊かな女性に弱いものです。

女性の一瞬一瞬の表情に男は心を奪われてしまうのです。

人気嬢は、顔の表情の研究をどのようにしているのでしょうか。鏡を見ながらやってみましょう。

「笑顔」のバリエーションを増やす

まず、鏡を見て、笑った顔を作ってみます。

口を開けすぎていないか、目の表情はどうか、さまざまな笑い方を試し、自分に合った一番魅力的な笑い方を研究するわけです。

笑い方も一つではありません。

楽しそうに声を出して笑う顔、妖艶《ようえん》に微笑む顔、包み込むような優しい微笑み。そういったケースバイケースに合わせた笑い方を研究するのです。

それぞれの**自分に合った魅力的な笑顔を見つけたら、瞬時にその笑顔を出せるように何回も練習します。**そうやって練習することで、自然に一番魅力的な笑顔が身についてくるのです。

「困った顔」で、男の「守ってあげたい」を引き出す

男心をくすぐる表情の中に、困った顔というのがあります。

「困った顔？　何でそんなものに魅力を感じるの？」と思うかもしれませんが、**基本的に男は女を守ってあげたい、助けてあげたいと思う生き物**です。女性の困った顔を見ると「この女性を助けてあげたい」「かわいい、俺が守ってあげたい」という

気持ちになるのです。

ですから、困った顔のかわいい女性は、男性から見ると非常に男心をくすぐることになるのです。

まず、鏡を見ながら、困ったことをイメージしてみましょう。

自分がどのような顔をするのか見てみてください。口の形を少し変えたり、目を細めたりして、かわいい「困った顔」を作ってみてください。

手を小道具に使ってみるのもいいでしょう。

人差し指を口の下に持ってきたり、大げさに腕組みをしてみたり、男はそういう小細工にも結構弱いものです。

「寂しそうな顔」で男心を操る

男は、女性の寂しそうな顔に絶対勝てません。

表情一つで、男はその女性にグラッと来るケースもあります。**寂しそうな顔も大きな武器**となるのです。

お店で「もうそろそろ帰ろうかな」と思っていると、「もう帰っちゃうの？」と寂しそうな顔をされただけで「いや、いいよ。もう少しいるよ」と思わず言ってしまうものです。

寂しそうな顔のポイントは目です。愛らしい目で寂しそうに見つめられただけで、男は何でも許してしまう気持ちになってしまいます。この武器を身につけない手はありません。鏡を見ながら、寂しそうな顔を研究してみましょう。

「うれしくてたまらない」表情としぐさ

指名のキャストがその日に初めてつく瞬間の「しぐさ」「表情」は、お客様に与える印象が大きいものです。

とにかく**「うれしくてたまらない」というしぐさと表情をしましょう。**

他のどのお客様よりも、あなたが来てくれることが一番うれしいのだと、お客様に伝わるようにします。満面の笑みで、席につき、お客様に密着するように座って「○○さん、来てくれたんだ！　うれしい」というだけで、男は来て良かったと満足するものです。

また、通路を歩いているときなど、お客様と視線が合ったら、他のお客様に気づかれないよう、目で笑いかけるようにします。

お客様の立場で言うと、これは意外とうれしく、親近感が沸いてきます。自分だけがそのキャストの特別な存在になった気がするのです。

同じように、他のお客様を送り出す際、来店したばかりのお客様とエントランス等で鉢合わせたりするケースがあります。この時、他のお客様に気づかれないよう、すれ違いざまに背中を突いたり、お尻を軽く叩いてあげるといったスキンシップは、妙に秘密めいていて、非常に効果があります。ただし、**絶対に他のお客様には気づかれないように**しましょう。見つかると他のお客様を怒らせてしまいます。

危険を伴うしぐさですからあまり多用はできません。

考え方として、**自分の仕事場に彼氏が様子を見に来てくれた場合をイメージ**してください。その時、彼氏に対して自分がどのような行動、しぐさをするのかをイメージするのです。そして、その通りにお客様にしてあげれば良いのです。

あなたの隣りが「戻ってくる場所」

指名が重なっていると、他の指名客の席を回って、また戻ってくるケースがありますが、そのときのしぐさも重要です。

そのときは、**「ただいまー」という気持ちで接する**ことです。つまり、そのお客様の席がホームポジションで、他の席はビジターであると印象づけるのです。もっと言えば、他のお客様の席へ行くときは仕事で、あなたの席はプライベートだよというニュアンスを出すということです。

例えば、戻ったときに「ふうー、やっと戻って来られた」と言いながら、ソファーにもたれ、くつろいだしぐさをする。あるいは、ニッコリ笑って「ただいま！」と言いながらお客様の腕をとるしぐさです。

話しながら、膝に手を置く

お客様はスキンシップを好みます。

このしぐさは、スキンシップの中でもソフトな部類ですが、お客様はあなたに親しみを感じます。しかし、ずっと膝に手を置きっぱなしにする必要はありません。タイミングをみて、そっと手を置き、そして数秒後に離せば良いのです。

そっと腕を絡ませる

あなたの手をお客様の腕に絡ませる、と言った方が良いかもしれません。

お買い求めいただいた本のタイトル

■お買い求めいただいた書店名

（　　　　　　　）市区町村（　　　　　　　）書店

■この本を最初に何でお知りになりましたか

□ 書店で実物を見て　□ 雑誌で見て（雑誌名　　　　　　　）
□ 新聞で見て（　　　　　　新聞）　□ 家族や友人にすすめられて
総合法令出版の（□ HP、□ Facebook、□ twitter）を見て
□ その他（　　　　　　　）

■お買い求めいただいた動機は何ですか（複数回答も可）

□ この著者の作品が好きだから　□ 興味のあるテーマだったから
□ タイトルに惹かれて　□ 表紙に惹かれて　□ 帯の文章に惹かれて
□ その他（　　　　　　　）

■この本について感想をお聞かせください

（表紙・本文デザイン、タイトル、価格、内容など）

（掲載される場合のペンネーム：　　　　　　　）

■最近、お読みになった本で面白かったものは何ですか？

■最近気になっているテーマ・著者、ご意見があればお書きください

ご協力ありがとうございました。いただいたご感想を匿名で広告等に掲載させていただくことがございます。匿名での使用も希望されない場合はチェックをお願いします□
いただいた情報を、上記の小社の目的以外に使用することはありません。

郵便はがき

料金受取人払郵便

日本橋局
承認

8751

差出有効期間
平成32年1月
31日まで

切手をお貼りになる
必要はございません。

103-8790

953

中央区日本橋小伝馬町15-18
ユニゾ小伝馬町ビル9階
総合法令出版株式会社 行

本書のご購入、ご愛読ありがとうございました。
今後の出版企画の参考とさせていただきますので、ぜひご意見をお聞かせください。

フリガナ お名前	性別 男・女	年齢 歳
ご住所　〒 TEL　（　　）		
ご職業　1.学生　2.会社員・公務員　3.会社・団体役員　4.教員　5.自営業　6.主婦　7.無職　8.その他（　　）		

メールアドレスを記載下さった方から、毎月5名様に書籍1冊プレゼント!

新刊やイベントの情報などをお知らせする場合に使用させていただきます。

※書籍プレゼントご希望の方は、下記にメールアドレスと希望ジャンルをご記入ください。書籍へのご応募は1度限り、発送にはお時間をいただく場合がございます。結果は発送をもってかえさせていただきます。

希望ジャンル：☐ 自己啓発　☐ ビジネス　☐ スピリチュアル

E-MAILアドレス　※携帯電話のメールアドレスには対応しておりません。

膝に手を置くよりもスキンシップの度合いは増します。ある程度付き合いが長くなってきたら、そっとやってみてください。親密度が増し、お客様は、あなたと特別な関係になったような錯覚に陥ります。

これもずっと腕を絡ませておく必要はありません。話のタイミングなどで、ちょっと腕を絡ませ、そしてまた元に戻るといったしぐさで効果があります。

肩に頭を預ける

少し酔っているときに「少し酔っちゃった」と言って、**お客様の肩に頭を預けて寄りかかります。**これに男性は、思わずドキドキしてしまいます。

口説き目的のお客様はこれだけで参ってしまうケースもあります。

同じように「今日ほとんど寝てないから眠たい」と言って同じしぐさをするケー

スもあります。

手を握り、自分の膝の上に置く

これは、手を握るというスキンシップと、あなたの膝の上に手を置くというスキンシップ、二つの効果があります。

男性には、かなりうれしいしぐさです。

また、お触り好きな手癖《てくせ》の悪いお客様に対しては、お触り防止を兼ねて、同じように手を握り、自分の膝の上ではなく、お客様の膝の上に置くようにするのです。

「浅く座る」「深く座る」で親密感をコントロール

ソファーに浅く座る、深く座る、これだけでも相手に与える印象は違います。ソファーに浅く座ると、いつでも席を立てるように構えている印象を与え、親密感が沸きません。**ソファーに深く座ると、くつろいでいる印象を与え、「この席が一番落ち着くの」という親密感を与えます。**

ただ、それもタイミングです。

ソファーに深く座ると親近感を与える代わりに、水割りを作ったり、灰皿を交換したり、グラスの水滴を拭くという基本的な動作がおろそかになりやすいのです。基本的には自分が動きやすいように浅い座り方をして、タイミングをみて親近感を与えるように深く座るといったやり方で工夫してみてください。

「時計を見る」しぐさは「退屈さ」を表す

何も言わずに時計を見るしぐさをすると、お客様はキャストが退屈していると思います。それだけであなたに対する印象はマイナスになります。どうしても時間を知りたいときは、テーブルに手を伸ばした際に、気づかれないように腕時計を見るか、お客様が納得する理由を言葉に出して、堂々と見るかのいずれかにしましょう。

スカートの裾を気にしすぎると、ムッとさせてしまう

スカートの裾をしきりに下ろすしぐさは、注意しましょう。

座り方が悪かったり、テーブルの奥の物を取ったりすると、どうしてもスカートの裾が上がってしまいますね。気になって直したくなるものですが、**男にとってその動きは、「そんなに俺には見せたくないのか！」と思ってしまうもの**なのです。

ですのでまず、スカートが上がらない座り方を自分なりに研究します。そして、ある程度の露出は覚悟して、「ヤバイ！」となったら直すようにし、そのしぐさの回数を減らすようにしましょう。

送り出しのしぐさ

会計が終わると、お客様は楽しいひと時を名残惜しみながら店を出て行きます。友達同士で来ていた場合などは、楽しいテンションのまま今日のあなたに対しての印象を語らいながら家路につくのです。

気の早い男性は、次回はいつ来るかをその時決めてしまう場合もあります。

こうして家に着くまで、「楽しかった」という気持ちが続くことにより、「また行こう！」という気持ちになるのです。そういう意味でも、最後の送り出しは「楽しい」というテンションのまま帰ってもらえるように気遣う必要があります。

クラブやラウンジと違い、キャバクラは時間制の料金システムですから、送り出しに時間をかけ過ぎて、他のお客様に迷惑をかけないようにする必要があります。道路までの見送りはせず、入り口までの見送りか、エレベーターに乗るまでの見送りというシステムをとっている店がほとんどです。

さて、あなたの店の場合、コートや鞄を渡した後、見送りの場所までの間でどこかポイントとなるところがないか探してみてください。

そのポイントで、**ダメ押しのしぐさや言葉を仕掛けることによって、お客様はより一層あなたに魅力を感じ、次回の来店を決意するはず**です。

ここでのしぐさはあまり凝った仕掛けをしなくても、**あなたの感謝の気持ちが伝われば大丈夫**です。

例えば、エレベーターまで腕を組んで歩くしぐさだけでも、お客様は喜びます。気持ちを込めて、「今日は本当にありがとう」という言葉を耳元で囁くというのも、お客様はグッとくるのです。

あらかじめ用意していたメッセージカードをそっと渡して、耳元で「後で読んで」と言うのもロマンチックです。

メッセージカードには

「〇〇さん、いつもありがとう。〇〇さんに会う度に元気をもらえます。これからもいっぱい元気をください」

といった簡単なメッセージで構いません。

これは毎回ではなく、たまにもらうとうれしいものです。とにかく、お客様に気持ちよく帰ってもらえるよう、感謝の気持ちを込めて送り出しましょう。

しぐさまとめ

- 自分のかわいい表情を知っておく
- 笑い方のバリエーションをもっておく
- 男心をくすぐる「困った顔」「寂しそうな顔」を練習
- 最初につくときは嬉しさ全開、戻ったら「ただいま」
- それとなくスキンシップを
- 時計は見ない
- 送り出しは「楽しい」テンションのままで
- 帰り際は感謝の気持ちを

第5章

稼げるキャバクラ嬢のポイントのつくり方

キャバクラの給与計算システムとは？

キャバクラの給与システムは、**ほとんどの店でポイント制が採用**されています。1クール毎にポイントを集計して、そのポイントによって時給がスライドするというシステムです。

1クールの締めはお店によって違います。1クール1ヶ月の店、半月（15日締め、もしくは2週間締め）の店、10日毎の店など、さまざまです。これはお店の経営戦略で決めているもので、同じ店でも1ヶ月締めだったのを半月締めに変更したり、半月締めだったのを10日締めに変更したりするケースもあります。

1ヶ月を通して平均的に客入りがある店では、1クール1ヶ月にしている傾向があり、月の中で月末に客入りが集中するとか、月半ばは客入りが悪いという店は、半月単位、10日単位のクールにしている傾向が見受けられます。

ポイントの付与はお店によって異なりますが、本指名1セット1ポイント、場内指名1セット0・5ポイントの店がほとんどです。

あとは同伴ポイント、ボトルポイントなどがあります。同伴・キープボトルはポイント還元せず、金銭バックにしている店もあります。

セットの時間は、50分、60分、90分など、店によって異なります。ですから、同じ日数の1クールで100ポイントを獲得したとしても、

＊ある人気キャバクラの給料システム＊

Point	時給	Point	時給
150〜	11,000円	50〜59	5,000円
140〜149	10,000円	40〜49	4,500円
130〜139	9,500円	30〜39	4,000円
120〜129	9,000円	20〜29	3,500円
110〜119	8,500円	10〜19	3,000円
100〜109	8,000円	9	2,900円
90〜99	7,000円	8	2,800円
80〜89	6,500円	7	2,700円
70〜79	6,000円	6	2,600円
60〜69	5,500円	0〜5	2,500円

セット時間50分の店と90分の店では、価値が違ってきます。

前頁の表は、ある人気キャバクラ店のポイント表です。

この店では、

＊1クール10日間(1日〜10日、11日〜20日、21日〜末日)

＊160ポイント以上は10ポイントにつき千円時給アップ

＊1セット50分

＊本指名1ポイント、場内指名0・5ポイント

＊ハーフ延長は本指名0・5ポイント、場内指名0・25ポイント

＊同伴2ポイント

＊各種ボトルポイントあり

というシステムをとっています。

キャバクラで働く以上、キャストが意識するのは収入と順位です。

一番良いのは毎クール高いレベルで同じポイントを稼ぎ、収入も毎クール同じであることです。ある程度ベテランになり、自分の固定客の人数が多くなれば、理想の形も可能ですが、固定客が揃うまでは大変です。

そこで、自分の固定客が揃うまでの考え方と、ある程度固定客が揃ってからのポイント計画を解説しましょう。

ポイントと給与システムをしっかり覚えておく

固定客が揃うまでの考え方

お客様にも生活サイクルがあり、月末は忙しくてとても遊べないとか、給与が出た後でないと遊べない、などの事情があります。

ですから、自分の固定客が少ない段階では、月前半のポイントが稼げず、後半にポイントが集中するとか、月初と月末だけポイントが稼げて、中間はほとんどポイントが稼げないといったケースがあります。

しかし、ここでお客様のキャパシティ（経済的な許容量、時間的な許容量）を無視して営業をかけると、せっかくのお客様が離れてしまう恐れがあります。最低でも30～40人の指名客がいなければ、月を通して平均的にポイントを稼ぐのは難しいものです。ここは我慢のしどころです。

お客様のキャパシティを把握して、許容範囲の中で来店してもらい、来店が厳しい時期はフリーのお客様から指名をもらい、固定客を増やすことを考えましょう。

固定客が揃うまでの時期はクールの単位に関係なく、自分の生活を安定させるために**月単位で収入を考えましょう。**

家賃にしても電話代にしても、生活に必要なほとんどの出費は月単位が多いですから、まず生活を安定させるように収入計画を立てます。

例えば1クール10日のケースであれば第1、第2クールはポイントが少なく収入も少なくてもよいから、月の最終クールは大きなポイントを稼ぎ、それなりの収入を得るといったやり方です。このとき、気をつけたいのは**大きな収入があったときに、浪費しないこと**です。

あくまでも月単位で生活することを忘れないでください。生活が安定しないと焦りに繋がり、結局良い仕事ができません。私は、そうやって消えていったキャストを何人も見てきました。

店長や担当マネージャーからは「客を呼べ！」と小言を言われるかもしれませんが、今焦らなければ、先にもっと大きな収入を得る可能性があるのです。

それまでの我慢です。

♥はじめは月単位の安定収入を目指す

固定客が揃ってからのポイント計画

ある程度固定客が揃ったら、上位を狙って営業を進めましょう。また、それは一瞬の成績ではなく、継続できる成績でなければなりません。より上の成績を目指すためには、**現状のお客様の把握と、実績の分析が大切**です。

実績分析でお客様の状況が見えてくる

まずは、この2〜3ヶ月の各クールの自分の実績を分析してみましょう。獲得ポイントを一度整理してみるのです。

1クールの中でAさんが2セットを2回、Bさんが3セットを1回、Cさんが2セットを1回と、1セットを1回……と書き出してみます。

そして同伴ポイントがつくお店の場合は、誰と同伴したか、そして1クールでの同伴ポイントの合計はいくつだったかを、算出します。

一通り書き出したら、今度は自分なりにお客様をA・B・C・D・Eの5段階にランク分けし、それぞれのランクで何ポイント獲得したかを計算してみてください。

Aランク ⬇ 週に2回以上来てくれるお客様
Bランク ⬇ 週に1回来てくれるお客様
Cランク ⬇ 月に2回以上来てくれるお客様
Dランク ⬇ 月に1回来てくれるお客様

Eランク⬇2〜3ヶ月に1回来てくれるお客様

自分のお客様をランク分けした上で、どのランクに何人のお客様がいるのか確認してみましょう。

フリーでついて場内指名をもらったお客様の場合、リピートがなければすべてEランクにしておきます。この作業をして、自分の実績を分析してみましょう。

気をつけなければいけないところは、**クールによって、ランク別の獲得ポイントにバラツキがないかどうか**です。

クールを追うごとに各ランクのポイントが増えていることは良いことです。しかし、**Aランク、Bランクのポイントが減っている場合は、減少した原因を探ってみる必要があります。**

今までAランクのお客様だったMさんが、いつのまにかBランクになっている場合もあります。今までBランクだったYさんが、いつのまにかDランクになっている場合もあります。

また、来店回数は今まで通りAランクのRさんでも、1回の来店時のセット数が減少している場合もあります。

お客様は、さまざまな状況変化に伴い、経済的・時間的なキャパシティが変わるケースがあります。

また、浮気心で他の店に行ったところ、口説いてみようかなと思えるような女の子を見つけてしまって、他の店に通い出したというケースもあります。

そういった**変化を敏感に感じ取り、早い段階でフォローをする必要がある**のです。

また、自己実績の分析をするにあたって、**同伴で獲得しているポイントにバラツキがないかをチェックしましょう。**出勤日数×同伴ポイントがベストですが、自分なりに1クール最低何回の同伴をすると決めて、その数字になっているかをチェックするのです。

このように自己実績を分析してみると、２ヶ月前まではDランクだったお客様が、いつのまにかBランクになっていたり、Bランクのお客さんは週に1回の来店だけれど、必ず4セットいるのでAランクのお客様と同等のポイントを稼がせてくれていることに気づいたりなど、さまざまなことがわかってきます。

ポイント計画からは外れますが、口説き目的と思われるお客様が、急激に来店回数が増えたなどの状況があれば「そろそろ勝負をかけて口説いてくるかな？」と心構えもできます。

もっと営業をかけるべき？　ポイントから見えるもの

次に、固定客の、**適正ポイントはどれくらいかをシミュレーション**してみましょう。まずは1ヶ月単位で行います。

Aランクのお客様を列挙して、Kさんは来店すれば2セットはいてくれるから、2ポイント×8回で16ポイント、Lさんは2セットのときと、3セットのときがあるから、平均して2・5セット×8回で20ポイント、といった感じで書き出します。

続いてBランクのお客様、Cランクのお客様、Dランクのお客様も書き出してみます。

同伴に関しても、どのお客様と月に何回同伴することが可能かをシミュレーションし、同伴ポイントの合計も計算します。そして1ヶ月のトータルを出すのです。

このトータルのポイント数が、現状の固定客での適正ポイントです。

1クール半月の店であれば、その1／2、1クール10日間の店であれば、その1／3のポイントが、1クールの適正ポイントになります。

シミュレーションで出した数字と、自己実績で計算した数字を比較してみましょう。

実績のポイントの方が多い人、シミュレーションより少ない人、それぞれだと思います。

基本的には、フリーでついたお客様から場内指名をもらったポイントを含む、Eランクのお客様のポイントがプラスされますので、シミュレーションより少し多いポイントが理想のポイントです。

シミュレーションより大幅にポイントが多い人は、キャパシティを超えた営業をしていないかチェックしてみましょう。

逆にシミュレーションよりポイントが少ない人は、本来はもう少し来店してくれても良いはずのお客様の来店回数や同伴の回数が少なくなっていないかチェックが必要です。

具体的なポイント計画でお客様を育てる

理想的なポイント計画は、各週平均してポイントが稼げることです。

1クールが1ヶ月の店であれば、それほど神経質になる必要はありませんが、それでも来店が集中すれば、一人一人のお客様に対する心細かなケアが出来ません。1クールが半月単位の店や、10日単位の店ではなおさらです。

各週平均してポイントを稼ぐようにするには、Aランク、Bランクのお客様よりも、CランクDランクのお客様への営業が大切になります。うまく各週にお客様を振り分けて来店依頼をかけるようにします。各週が難しければ、各クールに振り分けるようにします。

このようにお客様を振り分けるメリットは、顧客管理をする上でもやりやすいからです。

例えば、Cランクのお客様をBランクに引き上げようとする際、隔週で来店してもらっていると、カレンダーによっては月に3回来店する月ができます。そうすると、お客様は月に2回だったのが、3回来店しても経済的キャパシティに問題がないことに気づき、月3回の来店に抵抗がなくなるのです。

月3回の来店に慣れてきたころに、空いている週に1セットだけ来てもらう営業をかけます。その分、他の来店時に1セット減らしてもらえば、月に使う経費は同じです。それに慣れたお客様は、1セットで帰っていた日も2セットいてくれるようになり、いつの間にか毎週来店してくれるようになるのです。

すべてのお客様がそううまくいくものではありませんが、徐々にランクを上げていく展開は、このやり方が自然であり適切です。

このような展開を図るためには、**きっちりした顧客管理が必要**になります。そのためにも、キャスト主導でお客様の来店を振り分けていくことがベストなのです。

ポイント計画は、理想のシミュレーションを立てることからはじまります。**最初に月単位で計画を立てます。**1ヶ月のカレンダーに理想的なシミュレーションをして、お客様の名前を書き込んでいくのです。

同伴の予定日も埋めておきましょう。

あくまでも予定ですから、お客様のキャパシティを超えない範囲で、自分なりに理想的なシミュレーションを立てれば良いのです。

1ヶ月のシミュレーションが出来たら、クール毎のポイントを計算して、各クール同じようなポイントになるように微調整します。

一通りのシミュレーションが出来たら、**それにEランクのお客様と、フリーでの**

新規顧客のポイントを加算した目標を立てます。

Ｅランクのお客様で、連絡を取り合っているお客様は、まだまだランクアップの可能性がありますので、毎クール意識してみましょう。

フリーの新規獲得は必ず目標を立てます。現状の固定客はいつかは目減りしていくものです。それを補うため、また、より上の順位を目指すためにも新規獲得は必須です。

計画の実行と修正

シミュレーション通りにことが運べば良いですが、実際は、そううまくいくものではありません。

予定していたお客様が来られなくなったり、次のクールで呼ぶ予定だったお客様が突然来店したり、思うように同伴を取りつけられなかったりと、計画が狂うのが普通です。

そこで、計画を立てたら、それを実行し、ある程度の段階で計画通りに進んでいるかをチェックし、計画の修正を計り、また実行するというサイクルを行うのです。これを「plan do check（プラン・ドウ・チェック）サイクル」と言います。

計画の修正を行うのは、あまり遅くては手遅れです。**遅くともクールの中間点で行い、クールの締めの少し前で再度行うのが良い**でしょう。1クールが1ヶ月の店の場合は、1週間単位で修正を行うのがベストです。

最初のチェック時点でのポイントを集計し、当初の予定と比べてみます。

予定よりポイントが少ないときは、予定していたお客様の来店状況を確認します。予定していたお客様が来店していない場合、そのお客様はクール内に次の来店予定があってポイントを獲得できるのか、今クールは来店見込みがなく、その分のポイントのマイナスが予想されるのかを判断します。

もし、ポイントのマイナスが予想される場合は、どのようにそのポイントを補っていくのかを考えます。１クール１ヶ月の店でない場合、**次クールの来店予定のお客様を前倒しして来店依頼をかけることはお勧めできません。**出来るのであれば、Eランクのお客様を呼ぶか、フリーで新規顧客を獲得し、ポイントを補うのがベストです。**Cランク、Dランクのお客様を前倒しする場合は、今後ランクアップが見込めるお客様を優先して営業をしてみましょう。**

逆に、**最初のチェック時点で予定よりポイントを多く獲得している場合は、クールの後半で予定していたお客様が来店していないかチェック**します。そうであれば、後半はポイントがショートする可能性があるからです。後半のポイント計画をもう一度練《ね》る必要があるかもしれません。予定外の来店があったり、新規のお客様に指名をもらいポイントがプラスされている場合は、当初の目標を上方修正して、もうひとランク上のポイントを狙うようにします。

クール締めの2~3日前に最後のチェックをします。

当初予定していたポイント達成が可能かどうかを判断するのです。難しい場合は目標の下方修正を計り、最低ここまではポイントを作ろうという目標を立て直します。

逆に順調に来ている場合は、最後の詰めを誤らないよう、予定していたお客様が来店出来なかった場合の補填《ほてん》をどうするかを作戦として立てておきます。

また、もうひとランク上のポイントが狙えないかシミュレーションし、可能であれば上方修正を行います。

端数のポイントをつくらない

ポイント制度はお店によって違いますが、時給のスライドは10ポイント単位（もしくは5ポイント単位）になっている店が多いと思います。本章冒頭の表（Ｐ１４１参照）を例にすると、50ポイントでは時給が5千円になっていますが、次のランクは60ポイントですので、59ポイントの場合は50ポイントのランクで5千円ということになります。

つまり、59ポイントの場合は9ポイント切り捨てられることになるのです。これは非常にもったいないです。

出来ることなら、何とかもう1ポイント稼いで60ポイントに乗せるか、もしくは切り捨てられた9ポイントを翌クールに持ち越したいものです。

そこで、**ポイントをコントロールすることを意識する必要が出てくる**のです。つまり、毎クールちょうどのポイントで切るか、端数が出ても1ポイントか2ポイントで抑えるようにすることです。

クール締め日の前日に、現状のポイントと最終日に獲得予定のポイントを計算します。合計ポイントに端数が出そうであれば調整を計るのです。

まず考えるのは、**もうひとランク上のポイントにならないか**ということです。

例えば、端数が6ポイントの場合は、2セットいてくれるお客様を二人呼べばもうひとランク上のポイントに手が届きます。しかし、**どうしてもあと4ポイントは稼げないと思ったときは、思い切って6ポイント分は翌クールにまわす**のも手です。

来店予定だったお客様の中で融通のきくお客様に対して、来店を翌日にずらしてもらうのです。

10日締めや20日締め、もしくは15日締めのように、月中の締め日であればこの方法は有効です。お客様は交際費を月単位で計算していますので、10日に来店するのと11日に来店するのでは、さほど影響はないからです。

ただし、クレジットカードで支払いをしているお客様の場合は、カードの締め日が15日であったり、月末であったりしますので要注意です。

月末締めの場合は、お客様からしてみれば、翌日は翌月の予算で来店することになり、翌月は1回来店回数が増え、平月より交際費が増えることになります。当月来店しなかったお金を取って置いてくれれば良いですが、なかなかそうはいかないものです。ましてや、会社の経費で来店するお客様の場合は、難しいかもしれません。自腹で、カードを使わず（15日締め切りのカードを使っているお客様は問題ない）、現金で支払うお客様を対象にする方が無難といえます。

最終日にちょうどのポイントで切る調整は、よほど計画性を持って行わないと難しいのです。

しかし、**上位のキャストのほとんどはポイント調整をうまくやっている**ものです。

以前、私が指名していたナンバーワン嬢もポイント調整はきっちりやっていました。

月末の前日に、

「進ちゃん、明日は3ポイントお願い。それでちょうど目標が達成できるから」

と言ってきたので、当日友人数人と居酒屋で食事をして、ころ合いをはかり、

「じゃあ、俺そろそろキャバクラに行ってくるわ」

とキャバクラには行かないと言う他の友人を居酒屋に残し、私一人でキャバクラへ向かいました。

すると歩いている最中にスマホが鳴って、

「進ちゃん、今どこにいる？」

と言うので、

「ちょうど今そっちに向かうところだよ」

と答えると、

「進ちゃん、悪いけど、今日は予定外のお客様が来てポイント足りたから、今日ではなく、明日来てよ」

「え、そうなの？　じゃあ明日にするよ」

と言って、友人たちがまだ飲んでいる居酒屋に戻りました。

5分も経たないうちに戻ってきた私を見て、友人たちは「どうしたの？」と聞くので事情を話すと「大変だね」と半分同情するような目で私を見ました。しばらく談笑しながら飲んでいると、またスマホが鳴りました。

「進ちゃん、もう家に帰っちゃった？」

「いや、まだ友達と飲んでいるよ」

「じゃあ、悪いけど、2ポイントだけ手伝って。予想外にいろんなお客様が来て、もうひとランク上のポイントに届きそうなの。進ちゃんが2ポイント手伝ってくれたら達成するから」

と言うので、仕方なくまた店に向かうことにしました。事情を友人たちに話すとあきれたという顔で、もう何も言いませんでした。

お客様の立場から言えば、キャストに振り回されているようなものですが、目標に向かって一生懸命やっている姿を見ると応援したくなるものです。

ただ、時給よりも順位を意識しているときはポイントの調整はできません。ナンバーワン争いをしているときはもちろん、トップ3とかトップ10に入る目標があるときなどは、1ポイントでも上回れば達成できるわけですから、いくら端数になろうとも貪欲に1ポイントを獲得することを考えるべきです。

ポイント計画まとめ

♥最近数か月の実績（合計ポイント数など）を出してみる

- 実績を見ながらお客様の来店間隔などをチェック
- うまくポイントが稼げるようにお客様に営業する
- 計画通りにいっているか時々チェックし修正を
- 端数のポイントをつくらないようにする

第6章

キャストの技量が試される「アフター」のこなし方

お客様の立場からのアフター

「アフター」は、お店が終わってからお客様と食事に行ったり、飲みに行ったりすることです。同伴と違い、**アフターにはポイントもつかず、キャストの成績には一切反映されません。**

アフターに関してはお店も一切関知しないのです。

お客様にとってのアフターのメリットは、お店の雰囲気と違った場所で、キャストと親密な時間を過ごせるということです。

同伴の場合は、その後、お店に行かなければならないということから、時間を気にして食事をしなければなりません。キャストも仕事のことを気にして、酔わないようにお酒を控え目にします。

また、時間的に夕食時ということもあり、周りは仕事帰りのサラリーマンでごった返しています。よほど雰囲気の良い店で食事をしたとしても、一歩店を出れば街の喧騒《けんそう》で現実に引き戻されてしまうものです。

それに比べアフターは、時間を気にする必要がありません。後は寝るだけですから、体力が続く限り時間があるのです。しかも、時間帯は深夜です。同伴の時間帯と違い、街は大人の時間といった雰囲気があります。キャストも同伴ではあまり飲めなかったお酒を、アフターでは遠慮なく飲むことが出来ます。

このような条件が揃えば、**男であるお客様はアフターでは「口説ける」と思って**

も不思議ではありません。また、ホテルまで行けなくとも、キャストと恋人気分を充分に味わうことができるのです。

♥ **アフターでは、お客様は「口説ける」と思っている可能性がある**

キャストの立場からのアフター

お客様がアフターに何を求めているのかを知ると、「わざわざ口説かれにアフターなんか行きたくない」と尻込みしてしまうと思います。

しかし、お客様がキャバクラに何を求めて来ているのかを思い出してください。口説き目的のお客様を含め、多くのお客様がキャバクラという異空間に「擬似恋愛」を求めて来店し、お金を払うのです。ですから、**「お客様が擬似恋愛から冷めてしまわないようにデートをする」という意味でアフターは有効**なのです。

しかし、冒頭で述べたように、アフターに応じなければキャバクラの仕事が出来ないかと言えば、そうではありません。

私の知っているキャストで、一切アフターに応じないのにナンバーワンになった子もいます。お店の接客と同伴だけで、お客様の擬似恋愛が冷めてしまわないように接客出来るのであれば、アフターに応じる必要はないのです。

ただ、キャストにとってアフターは、お客様と良い関係を築いていく上で格好の機会となるのです。時間を気にせずゆっくり話せますので、さまざまな会話の中から、あなたの人間性をわかってもらうことができます。

「この子は口説けなくてもいいから、応援していきたい」と思ってもらえるよう、お客様を育てていく上では、アフターという雰囲気と時間を使うことが有効なのです。

話せる範囲であなたの身の上話をしたり、自分の将来の夢や目標を語り、今の仕事の意気込みや目標を話すと良いでしょう。また、あなたばかりが話すのではなく、お客様の身の上話や目標などを、真剣に聞いてあげることも大切です。

以上のことを踏まえて、**あなた自身の接客スタイルを考えて、アフターに応じるか否かを判断すれば良い**と思います。

また、アフターに応じるとしても、多くのキャストがそうしているように、すべてのお客様に対してではなく、「このお客様だけは」という**相手を選別し、アフターをするようにします。**

特に、忙しい時間帯での来店が続き、ほとんど席につけない状態が続いたお客様であるとか、Cランククラスのお客様で、今後大きなお客様に化けそうだと思うお客様に対して、アフターは有効です。

♥アフターに応じるかは慎重に判断を

アフターでの注意点

アフターは女性であるキャストにとって、**危険な要素がたくさんあります。**また、ちょっとした不注意から、口説き目的でないお客様の「男」を目覚めさせてしまい、**良い関係が崩れてしまう可能性がある**のもアフターです。

酔うほど飲まない

多少のお酒は仕方ないとしても、**酔うまで飲んではいけません。**それこそ相手の思うツボです。

また、口説き目的でないお客様でも、**あなたが無警戒に酔うと、男である以上は口説きたくなるもの**です。

アフター用のお店をいくつか用意しておく

アフターは、基本的にお願いして誘うものではありません。

ですから、アフターでは、同伴ほどお客様の財布を気遣う必要はありません。

しかし、あまり高価な店をねだると、「これだけのお金をかけるのだから」とお客様は見返りを期待してしまいます。

リーズナブルで、なおかつムードのある店を自分なりに探しておきましょう。

また、お店の選択をお客様任せにしてしまうと、カップル用の個室の店だったりして、口説きをかわしづらいケースもあります。

時間制限があることをはじめから伝える

アフターは時間無制限です。無制限なので、いろいろなトラブルの原因になる可能性があります。

ですから、自分の中で時間を決めておく必要があります。

1時間半くらいがベストです。長くても2時間でしょう。

最初から「今日は急に用事が出来たので、○時には友達のところに行かなければいけないの」と言っておきましょう。出来れば友人か同僚のキャスト、もしくは店長や担当マネージャーに頼んで、その時間に電話を入れてもらうようにすればベストです。

お店によっては、アフターをする際には、必ず店長や担当マネージャーに事前に報告し、１時間後か1時間半後に電話が入るようシステム化されているところもあります。

電話があった際に、お客様とあまり良くない雰囲気ならば、「ゴメン、急に店長に呼び出されたからお店に帰らなければいけないの」と言ってアフターを切り上げることも出来るわけです。

システム化されてないお店でも、店長、もしくは担当スタッフに頼んで電話を入れてもらうのも手です。

お客様の車には乗らない

お客様の車に乗ったらホテルの駐車場に車を止められて、大ゲンカしてそのお客様と切れてしまったという話をよく聞きます。

車に乗らなければ、そういったトラブルを回避できます。これは、お店から飲み屋さんへ移動するときも、アフターが終わって帰るときに送っていくと言われたときも同じです。

今は飲酒運転に関しては非常に厳しい処置がとられます。運転者はもちろん、同乗者も罰せられます。また、下手をするとお酒を飲ませたお店にも迷惑がかかります。そういう観点からも、**お客様の車で移動するのは止めましょう。**

アフターの場所は、店から徒歩圏内を選ぶようにし、ちょっと遠くへ行く場合はタクシーを利用するようにしましょう。

アフターの注意点まとめ

- **酔うほど飲まない**
- **自分なりにアフター用のお店を知っておく**

♥時間制限があることを最初に伝える

♥お客様の車には乗らない

アフターの断り方

前述のとおり、アフターはお客様を選んでするべきで、それ以外のお客様に関しては、誘いを断っても構いません。

しかし、アフター対象外のお客様からも、成績を稼がせてもらっているのも確かです。出来たら、そのポイントは確保しつつ、アフターを断るようにしたいものです。

そこで、さまざまなパターンでの断り方を以下に解説しますので、参考にしてみてください。

全面的に断りたい場合は「昼の仕事をしている」

基本的にアフターをしないと決めているキャストの場合は、スパッと断ってしまいたいものです。

しかし、納得できる理由がなければ、お客様は「俺はこの子に好かれていない」「この子は口説けない」と思い、指名替えをするかもしれません。

そこで、お客様が納得する理由を伝える必要があります。

お勧めなのは、**「私、昼間の仕事をやっていて、朝早いからアフターは無理なの」**という理由で断る方法です。

この場合、実際に仕事を持っている人はまったく問題ないでしょう。しかし、実際は昼の仕事をしていなくても、このトークで断り続けているキャストは、かなりいます。

ただ、実際には昼の仕事をしていない人の場合、嘘を通し続けなければなりません。たまには店が終わってから同僚と飲みに行ったりすることもあるでしょう。東京では余程お店のそばで飲まない限り考えづらいかもしれませんが、地方の場合は飲み屋街は地域が限られていますので、意外とその現場をお客様に目撃される可能性もあります。気をつけるようにしましょう。

その時は「たまたま次の日、昼の仕事が休みだったので、たまには息抜きに行ったんだよ」という言い訳でごまかすしかありません。

もし、昼の仕事の内容を聞かれた場合は「○○さんを信用してないわけじゃないけど、昼の仕事場にはキャバクラで働いているのは内緒なので、変な噂が流れないように一切言わないことにしているの」と答えておけばよいでしょう。

もう一つは、**「私、実家から通っていて、お母さんはキャバクラで働いていること知っているけど、お父さんは知らないの。お父さんは夜勤の仕事で、3時には帰っ**

てくるから、それまでには家に帰っておかなくちゃいけないの」という断り方です。

たまの息抜きを見つかったら、「今日お父さん出張だから」「今日お父さん親戚の家に行っているから」とごまかすことができます。

嫌いな人とのアフターの断り方

基本的にお客様とアフターはしても良いけど、生理的に受けつけないお客様、もしくは危険を感じるお客様、あるいは、今後それなりのお客様になる見込みがなく、何もメリットがないお客様とはアフターはしたくないものです。

しかし、そういうお客様からしつこくアフターに誘われて、困ってしまうケースもあります。

そういったお客様に対しては、次のような断り方を参考にしてみてください。

「私は親がうるさいから、基本的にアフターは無理なの。でもたまに親が親戚の家に行ったりすることがあるから、そんな時だけアフターしているの。最初からアフターが出来る日がわかっていればいいんだけど、10時くらいに急にLINEで『今から親戚の家に行くので戸締りお願い』って言って来るケースがほとんどだから、たまたまその日に来てくれたお客様とアフターする程度だよ」

「他の女の子はどうかわからないけど、私の場合、アフターは誰とでもするわけじゃないの。アフターして気に入られて成績伸ばそうとか、そんな気はないし、やっぱり、お客様としか見れない人とはアフターしたくないもの。人として、長く付き合っていける人じゃなきゃ、アフターしたくないもの。○○さんの場合、すごく良い人だろうなとは思うけど、あまりお話ししたことないから、まだ良くわからない。もうちょっと○○さんのことがわかるまで待ってほしいな」

店に来ないのにアフターを誘う人への断り方

1〜2回店に来ただけなのに、来店もせずアフターに誘うお客様がいます。

キャストにとっては何らメリットもないお客様ですので、きっぱり断ってしまいたいものです。基本的にはＰ１８２で挙げた例をもとに、アフターに行けない理由を伝えれば良いでしょう。

しかし、ちゃんとお店に来てくれさえすれば、アフターに付き合っても良いかなと思えるお客様もいるかもしれません。そういうお客様に対しては次のような断り方を参考にしてみてください。

キャスト：「アフターいいよ。その代わり、その日はラスト2セット来てね」

お客様……「え？　どうせ、その後ゆっくりと会うんだから、お店には行かなくてもいいんじゃない」

キャスト…「えー！　アフターは誰が見ているかわからないんだよ。お店に来てない人とアフターしたなんて女の子の中で噂になったら大変だよ。○○さんが安っぽい男として見られるし、そんな○○さんとデートしてた私も、安っぽい女として見られちゃうもん。私にもプライドってものがあるんだから。だから最低でも2セットは来てね」

という感じです。いつもちょっと強引な営業をしているような押しの強いキャストであれば、このぐらいのトークは有効です。

当日2セット来なかった場合は「お店に来ないから、今日は都合が悪くなったんだと思って、他に予定を入れちゃった」と言ってアフターを断るわけです。「都合でお店には行けなくなったってメールしたじゃん！」と言われても、「接客中はメール見られないのよ。だから見てなかった」と応酬します。

この展開でお店に来てくれない男性は、「お客様」という対象から外して構わないと思います。

アフターの断り方まとめ

♥全面的に断る場合は「昼の仕事をしているから」と

♥お客様を傷つけない断りの理由をいくつかもっておく

第7章

イベントへの“心をつかむ”誘い方

キャバクラで催される主なイベント

キャバクラではさまざまなイベントが催されます。お店は集客を図るために、その季節に合わせたイベントを計画します。お店の雰囲気や規模によってイベント内容はまちまちですが、よくあるイベントは六つです。

バレンタイン・イベント
クリスマス・イベント
コスチューム・イベント（コスプレデー、ハロウィンも）
浴衣イベント

周年記念イベント
誕生日イベント

イベントである以上、お店はキャストに集客を迫ります。

お店によっては、お客様に来店いただく人数に、ノルマを課すところもあります。

慣れないキャストは、それぞれのイベントに、どのようにお客様を呼べば良いのかわからないようです。

これらのイベントの集客術をアドバイスします。

バレンタインには「手作りチョコ」

バレンタイン・イベントは、比較的お客様を呼びやすいイベントです。

男はいくつになってもバレンタインデーにチョコレートが欲しいものです。特に、お気に入りのキャストからのチョコレートは、何があってももらわなければ気が済まない、と思っているお客様は多いと思います。

バレンタインデーが近づいたら**「もうすぐバレンタインだね。○○さんはどんなチョコレートがいい？」と聞くだけで、ほとんどのお客様は来てくれると思います。**

ただ、他のお店にもお気に入りがいるお客様に関しては、それだけでは来てくれないかもしれません。

他の店にも行っているだろうと思われるお客様に対しては、**手作りのチョコレートを用意**しておくのがベストです。

ＬＩＮＥか電話で「○○さんのために手作りチョコレートを用意したよ」と言われれば、行かざるを得ないでしょう。

また、他の店にも通っているお客様に対しては、イベント近くに営業をかけるより、早めに営業をかけておく方が良いでしょう。下手をすると、お客様の中には、バレンタインデーに2件、3件と、キャバクラをハシゴする人もいます。お客様のスケジュールに、早めに自分の店も入れてもらうようにするのです。

クリスマスは「心ばかりのプレゼント」

クリスマスも比較的お客様を呼びやすいイベントですが、難しいのは妻帯者や彼女のいるお客様です。

最近はお店側が気を遣って、わざわざ12月24日を避けてイベントを企画するケースもあります。24日にイベントが行われるお店では、妻帯者や彼女のいるお客様には無理な営業は避けるべきでしょう。

ただ、妻帯者でも子供が大きくなっている家庭では、まったく気にしないお客様もいますし、早い時間の1セットであれば、来店可能なお客様もいます。

そこで、11月くらいには、何気ない会話の中でお客様がクリスマスをどのように過ごすのか、探りを入れておく必要があります。

これはクリスマスに限らず、どのイベントでも言えることですが、イベント間際に来店を依頼しても営業としか受け取られません。

早い時期から、あなたと特別な日を過ごしたいというニュアンスを伝えていくのが、上手な誘い方です。


他に予定がないにもかかわらず、クリスマス・イベントでお客様が来店を渋る理由は、プレゼントです。経済的な理由とプレゼント選びに苦労するという理由から、スケジュール的には大丈夫なのに、来店を渋るケースがあります。

よほど親しくなったお客様以外には、**プレゼントを辞退するか、1000~3000円で買えるプレゼントを、あなたから指定してあげる方が良い**と思います。「お菓子の詰まった長靴がほしい！」「○○のＣＤがほしい！」といった感じです。

そして、あなたも５００～１０００円くらいのプレゼントを用意しておきましょう。

何十人もお客様を抱えているキャストにとっては痛い出費かもしれませんが、**たった１０００円のプレゼントでも、それを機会に長く付き合ってくれるお客様になってくれれば安い投資**です。

そして、イベント間近に「大した物でないけど、○○さんのためにプレゼントを用意したよ」と言えば、ほとんどのお客様が来てくれると思います。

コスチューム・イベントには企画から参加してもらう

この手のイベントは最近非常によく催されます。

クラブ等では、古くから節分の夜の「お化けの日」には花魁《おいらん》の格好をしたり、さまざまな装いで厄払いを兼ね仮装していました。キャバクラでも節分のお化けの日はもちろん、年に何回かイベントとして催されるようになっています。

コスチュームも、最近はさまざまな衣装が売られていますので、お客様を呼ぶにはアイデア次第といったところもあります。

いっとき流行った「女子高生」「女医さん」「女教師」「メイド」「ミニスカポリス」といったものでは、なかなかお客様の興味を引けなくなったかもしれません。

それでも自分に似合ったコスチュームであれば、お客様は「見てみたい」と思ってくれるでしょう。

コスチューム・イベントでは、**お客様と一緒に企画段階から楽しむというのが一番良い方法**です。

「今度コスプレ・イベントがあるんだけど、何を着たらいいと思う？」

とお客様に聞いて、一緒に考えてもらうのです。さまざまなお客様からいろいろなアイデアを出してもらい、本当に面白いというアイデアがあれば、採用すれば良いでしょう。

また、あらかじめ何を着るのか自分で決めていたのであれば、直前に、「○○の衣装なんかどう？」と聞いて、「それも良いんじゃない」という返事をもらえば、「じゃあ、○○に決めたから見に来てね」と言えばよいのです。

お客様の心理から言えば、**企画段階から参加していたイベントなので、嫌でも行かざるを得ない**のです。

コスチューム・イベントは、年に何回かは必ずあるイベントなので、普段からどのようなコスチュームが良いか検討しておくと良いでしょう。

ちなみに、私個人の好みですが、今まで見てきたコスプレでお気に入りは、バスローブ姿と旅館の浴衣姿でした。コスプレ用のバスローブが売られているのですが、セクシーでとても可愛かったです。浴衣姿は不思議と男に好まれます。旅館の浴衣姿は一緒に旅行へ行ったときにしか見られないものなので、憧れるのでしょう。

浴衣は2着用意する

男は、好きな女の子の浴衣姿を一度は見てみたいと思うものです。

指名をもらって初めての浴衣イベントはそんなに苦労をしなくてもお客様を呼べると思います。ただ、2回目、3回目となると、お客様も飽きてしまい来店を渋る場合があります。

出来ることなら、浴衣は2着用意しておきましょう。

色合いの違う浴衣を用意し「今度、浴衣イベントがあるけど、○○さんは黒っぽい浴衣とピンクっぽい浴衣と、どっちが好き」と聞いて、お客様がピンクと言えば

「じゃあ、○○さんのために ピンクの方の浴衣を着るね」と言えば、お客様は来ざるを得なくなります。

浴衣イベントが二日間に渡って行われる場合は、「○○さんはどっちの日に来る？その日にピンクの浴衣着るようにするから」と日にちを決めてしまうことも出来ます。

浴衣イベントが一日しかなく、ピンクの浴衣が圧倒的に人気があるのに「黒っぽい浴衣が良い」と言ったお客様に対しては「やっぱり黒っぽい方がいいかぁ。友達に借りる予定だけど、○日に貸してくれるかなぁ。じゃあ、○○さんのために何とか頼んでおくね」と言っておいて、当日そのお客様が来店したら「やっぱり借りられなかったから、ピンクにしたの。ごめんね」と謝っておけば良いのです。

来店を促す方法として、「記念写真を撮ろう」と提案する方法もあります。

浴衣は女の子の晴れ姿ということを訴え、大切なあなたと記念写真を撮りたいと提案するのです。お客様としても、浴衣姿のお気に入りの娘とのツーショット写真は是非残しておきたいと考える人も多いものです。「せっかくの浴衣姿なのに、○○さんとのツーショット写真がないのは寂しい」と訴えれば、男としては、行かざるをえないということになります。当日はボーイやスタッフに頼み、最高の笑顔で記念写真を撮りましょう。

周年記念イベントは「モノ」で釣る

イベントの中でも、一番お客様を呼びにくいのが周年記念イベントです。

なぜなら、お客様にとっては、お店が何周年を迎えたかなど何ら興味のないことだからです。しかし、お店にとっては、周年イベントこそ面子をかけて集客しなければならないイベントなのです。ですから、必然的にキャストに集客を迫り、ノルマを課すことになります。

ある程度付き合いの長いお客様であれば、これは泣き落としが一番効果的です。

正直にノルマがどれだけあるかを話し、とても達成できないから助けてと頼むのです。あなたを応援してくれているお客様であれば、「じゃあ、少しだけ協力するよ」と言ってくれるでしょう。

あまり**付き合いが長くないお客様の場合は、モノで釣ってみましょう。**どこの店でも周年記念イベントには粗品を用意しています。あらかじめ、どのような粗品が用意されているかをチェックし「今度の周年イベントで○○を粗品でプレゼントするみたいだよ」と、お得感をアピールしてみるのです。粗品に興味を示さないお客様には、逆にそれをネタにします。
「え？　○○いらないの？　ラッキー！　実は私それが欲しくて、もらったら頂戴って、みんなに言っているんだけど、誰もくれないの。△△さん、もらったら私に頂戴！　こんなこと△△さんしか頼めないから」

という展開に持っていくわけです。気の良いお客様なら、「じゃあ、○○をプレゼントするために行こうかな」と思ってくれます。

周年記念イベントは、お客様にとってはあまりメリットのないイベントですが、唯一お客様が満足する部分は、代表や店長が客席に挨拶に来るときです。

ほとんどの店で、周年イベントでは代表もしくは店長が客席をまわり、一人一人のお客様に「○○様、ご来店有難うございます。おかげで当店は○周年を迎えることが出来ました。今後も当店をよろしくお願いいたします」と挨拶をします。

お客様にとっては、普段ほとんど話をする機会がない代表や店長がそうやって挨拶してくれることで、**顧客満足度が満たされる**ものです。

もし、あなたの店が代表や店長が挨拶回りをしない店であるなら、挨拶回りをしてもらうように提案してみるか、せめて、担当マネージャーに頼んで自分のお客様だけでも挨拶に来てもらうようにしましょう。

誕生日イベントは、お客様に「感謝」する日

キャストにとって、**1年に一度の大イベントが誕生日イベント**です。

キャバクラで働いて良かったと思えるのは、この誕生日イベントを成功させたときかもしれません。また、もうキャバクラを辞めたいと思うのもこの誕生日イベントかもしれません。

それほどキャバクラのキャストにとって誕生日イベントは大きなイベントなのです。

どんなナンバーワンキャストでも誕生日の数日前から「誰も来てくれなかったら

どうしよう」と不安で、プレッシャーに押しつぶされそうになると言います。せっかくの一大イベントです。一人でも多くのお客様に来てもらい、素敵なイベントにしたいものです。

キャストにとって誕生日のイベントは、祝ってもらうものではなく、普段お世話になっているお客様に、感謝を伝える日にするべきではないでしょうか。お客様に「皆様のおかげで、こんな誕生パーティーを開くことが出来ました」という**感謝を込めた発表会のような気持ちで挑むことが大切**だと思います。

実際に、あなたを指名してくれている一人一人のお客様が、キャバクラ嬢としてのあなたを支え、こうやって誕生日のイベントを開くことができるのです。そのような気持ちでお客様に感謝を伝えることで、お客様は、来年はもっと素敵な誕生日にしてあげようと思うのです。

映画解説で有名だった淀川長治さんは、毎年自分の誕生日に必ずお母さんに花を贈っていたそうです。それは「私を生んでくれてありがとう」という感謝の気持ちだったそうです。**キャストも誕生日は年に一度、お客様に感謝する日として迎えれば気持ちが楽になります。**お客様に「誕生日だからお祝いに来て！」と言っても、よほど付き合いの長いお客様でない限り、「何でわざわざお金を払って祝いに行かなければいけないんだ」ということになります。

ですから「皆様のおかげで、ささやかながらもバースデーイベントを催すことが出来ました。まだまだ力不足で大したイベントではないですが、是非見に来てください」というニュアンスでお客様を招待すると良いでしょう。

出来たら、来店してくれたお客様には、感謝を込めてあなたからプチケーキやかわいいキャンディーをプレゼントしてあげると良いでしょう。

誕生日イベントは、キャストにとって1年間どれくらい頑張ったかを問う、通信簿のようなものです。ですから、誕生日の直前になってジタバタしても手遅れです。

それでも、**誕生日を迎える1ヶ月前くらいからは、それなりの戦略を練ってお客様に来てもらうようにしなければなりません。**

ある程度固定客を持っているベテランクラスであれば、コスチュームイベントと同様に、**誕生日イベントをどんなイベントにするのかお客様に意見を求めていくのも手**です。

「今年の誕生日はどんな感じにしたら良いと思う？　やっぱりウェディング・ドレスのような派手なドレスがいいかなぁ？　それとも着物でも着てみようか？」

そんな感じで、お客様の意見を聞きながら、一緒に素敵な誕生日イベントを企画していくという方法です。

自分の固定客が少ない、まだ経験の浅いキャストの場合は、2〜3ヶ月前からア

プローチしていくと良いでしょう。

その間に、他のキャストの誕生日があればチャンスです。その子の誕生日の話題から「私の誕生日、誰も来てくれなかったらどうしよう」と寂しそうな顔をするわけです。すると、ほとんどのお客様はまだ先の話ですから「大丈夫だよ。心配しなくても○○ちゃんならみんな来てくれるよ」と言ってくれるでしょう。そこですかさず、「△△さんも来てくれる？」と言えば、その場は「いいよ。日程さえ合えば来るよ」と言ってくれるはずです。

後は、誕生日が近くなるにつれ、お客様の負担を軽くしてあげるように「プレゼントはいらない」とか「私が祝ってもらうというより、私がお客様に感謝する日にしたい」と言ってあげれば、お客様も来店しやすくなります。

キャストにとっては、誕生日当日に来店してくれるということが、一番のプレゼントなのですから、贈り物をもらうことまで望むのはやめましょう。

そうは言っても、手ぶらで来るお客様は結構少ないものですよ。

イベントまとめ

- バレンタインイベントには「手作りチョコ」
- クリスマスはちょっとしたプレゼントを
- コスプレイベントはお客様を巻き込む
- お店の周年イベントは「モノ」を用意
- 誕生日イベントではお客様に感謝を伝える

おわりに

もう何年も前の話ですが、当時ナンバーワンの指名を敬遠していた私が、珍しくナンバーワンキャストを指名していたときのことです。

人気キャストですから、当然私の席にいる時間は少なく、ほとんどヘルプのキャストとばかり話をする、というのが常でした。

すると、ヘルプの子が質問してきました。

「○○さん（ナンバーワンの指名キャスト）はすごいですね。どうしたら○○さんみたいにナンバーワンになれるんだろう。何が違うんですか？」

聞かれてみて、自問自答したところ、答えが出ませんでした。

「はて？　何で俺はあの子を指名しているんだろう？　外見だけで言えば、絶対このヘルプの子の方がかわいいよな。では、あの子の魅力ってなんだろう？」

そう考えてから、私は真剣にナンバーワンキャストの魅力について考えるようになりました。それから、さまざまな店に行っては、ナンバーワンキャストを指名するようにしたのです。

ナンバーワンの女の子を指名してみると、確かにハマります。人気があるのが良くわかるのです。

では、その魅力は何だろうと観察していくと、ナンバーワンキャストの共通点がわかってきたのです。

それからは、「はじめに」でも少し述べていますが、ヘルプの子が「どうしたらナンバーワンになれるんだろう?」と聞いてくると、必ずいくつかアドバイスをするようになりました。すると、そのヘルプの子がつく度に、次々と質問されるようになったのです。

「この前はいろいろとアドバイスいただき、ありがとうございました。実は、他にも質問があるんですけど……」

仕方ないので、またアドバイスしていたのですが、来るキャスト来るキャスト、同じような質問をしてくるのです。

つまり、キャバクラで働くキャストは、同じような問題で悩んでいたのです。ヘルプでつくキャストの多くは、ちょっと接客の仕方や考え方を変えれば人気が出るだろうという子がたくさんいました。そして、その子たちは、真剣にキャバクラという世界で生きていこうとしていました。

私がこのような本を出すきっかけとなったのは、このように真剣に自分の夢を叶えようとしているキャストのために、少しでも力になれればと考えたからです。

本書をお読みになり、あなたの夢が少しでも叶えられるよう、力になれたら幸いです。

本書の出版にあたり、さまざまな情報を提供して頂きましたキャストの皆様に、この場をお借りしてお礼を申し上げます。

また、今回の出版にあたり、総合法令出版編集部の豊泉博司さんには、いろいろと無理を聞いて頂いただけでなく、様々な良いアドバイスを頂き、おかげでとても良い本に仕上がったと感謝しております。そして、素敵な装丁デザインを担当して頂いたtobufuneさん、とても見やすく美しい本文デザインを担当して頂いた和全さんにも、この場をお借りしてお礼を申し上げます。

それでは、またキャバクラでお会いしましょう。

木村進太郎

木村進太郎《きむらしんたろう》

さまざまな職業を経て、現在はサービス業を中心とした経営コンサルタントとして活躍中。同時に、世界各地の歓楽街のフィールド調査も続けている。

キャバクラの黎明期から通いはじめ、キャバクラ歴は28年を超える。東京、名古屋、大阪を中心に全国の50店舗以上のキャバクラに通い、No. 1キャストになる秘訣に興味を抱く。その後、指名をNo. 1キャストに絞り、彼女たちの接客術と魅力について探求し、人気キャストの法則を見出す。

近年は新人キャストの育成にも興味を持ち、水商売初心者の新人キャストを、1年半かけてNo. 1キャストに育てたのを皮切りに、数々の新人キャストをトップ10入りするキャストに育てた実績を持つ。

著書に『キャバクラ道場－入門編－』『新版 キャバクラの教科書 Gold』『新版 キャバクラの教科書 Silver』『マンガでわかるキャバクラの教科書』（いずれも総合法令出版刊）等がある。

※本書は2014年5月に刊行された『年収3000万円を稼ぐNo.1キャバクラ嬢の“ちょっとした”習慣』を改題、修正したものです。

装丁デザイン／小口翔平＋喜來詩織（tobufune）
本文デザイン／和全（Studio Wazen）
DTP・図制作／横内俊彦

トップ1％のキャストしか知らない
キャバクラ嬢の技術

2018年7月18日　初版発行

著　者　木村進太郎
発行者　野村直克
発行所　総合法令出版株式会社
〒103-0001　東京都中央区日本橋小伝馬町15-18
ユニゾ小伝馬町ビル9階
電話　03-5623-5121
印刷・製本　中央精版印刷株式会社

落丁・乱丁本はお取替えいたします。

ISBN 978-4-86280-631-4
総合法令出版ホームページ　http://www.horei.com/